Smakrika Medelhavsäventyr
En kulinarisk resa till solens smakvärld

Emilia Andersson

Sammanfattning

Quinoa pizza 9

Rosmarin- och valnötslimpa 11

Läckra krispiga smörgåsar 14

Perfekt pizza 16

Medelhavet Margaret 19

Frittata fylld med kryddig zucchini och tomatglasyr 21

Bananbröd med gräddfil 23

Hembakat pitabröd 25

Smörgåsar med focaccia 27

En tallrik med rostat zaatar pitabröd 29

Mini kyckling shawarma 31

Aubergine pizza 33

Helvete medelhavspizza 35

Ugnsbakad spenat och feta pita 36

Vattenmelon feta och balsamico pizza 38

Burger med blandade kryddor 39

Smörgåsar Skinka - Sallad - Tomat och avokado 41

Spenatkaka 43

Feta kycklingburgare 45

Helstekt fläsk till tacos 47

Italiensk äppelpaj med olivolja 49

Snabb tilapia med rödlök och avokado 51

Grillad fisk med citron 53

Stekt fiskmiddag under veckan 55

Krispiga fiskpinnar med polenta ... 57

Lax stekt i panna ... 59

Toskanska tonfisk- och zucchiniburgare ... 61

Siciliansk svartkål och tonfiskrätt ... 63

Medelhavstorskgryta ... 65

Ångkokta musslor i vitvinssås ... 67

Apelsin och vitlök räkor ... 69

Bakad räkgnocchi ... 71

Kryddig räkor puttanesca ... 73

Italienska tonfiskmackor ... 75

Laxdill wrap ... 77

Vit musselkaka ... 79

Bakad bönor fiskmjöl ... 81

Torsksvampgulasch ... 81

Kryddig svärdfisk ... 84

Pasta mani med ansjovis ... 86

Vitlök räkor pasta ... 88

Lax med honung och balsamvinäger ... 90

Apelsin fiskmjöl ... 91

Zoodles med räkor ... 92

Öring med sparris ... 93

Grönkål oliv tonfisk ... 95

Kryddig rosmarinräka ... 97

Lax med sparris ... 99

Tonfisk hasselnötssallad ... 100

Krämig räksoppa ... 102

Kryddad lax med quinoa grönsaker ... 104

Senapsöring med äpplen ... 106
Gnocchi med räkor ... 108
Saganaki räkor ... 110
Medelhavslax ... 112
Linguine med skaldjur ... 113
Ingefära räkor och tomatsås ... 115
Räkpasta ... 118
Medelhavstorsk ... 120
Musslor i vitt vin ... 122
Dilly lax ... 124
Medelhavslax ... 126
Tonfisklåt ... 127
Smakfulla biffar ... 128
Ört lax ... 129
Glaserad rökt tonfisk ... 130
Krispig hälleflundra ... 131
Lätt och smakrik tonfisk ... 132
Musslor O' Marina ... 133
Långsamt tillagad medelhavsstek ... 134
Långsamt kokt medelhavsnötkött med kronärtskockor ... 136
Långsamt tillagad mager stek i medelhavsstil ... 138
Köttfärslimpa i en långsam spis ... 140
Slow Cooker Medelhavsnötkött Hoagies ... 142
Medelhavsstek fläsk ... 144
Nötkött pizza ... 146
Nötkött och bulgurköttbullar ... 149
Välsmakande nötkött och broccoli ... 151

Biff Majs Chili 152

Balsamicobiffrätt 153

Bakat kött med sojasås 155

Rostbiff med rosmarin 157

Fläsk revbensspjäll och tomatsås 159

Kyckling med kaprissås 159

Turkietburgare med mangosalsa 162

Stekt kalkonbröst med örter 164

Kyckling och pepperonikorv 166

Kyckling Piccata 168

Toskansk kyckling i panna 170

Kyckling Kapama 172

Kycklingbröst fylld med spenat och fetaost 174

Ugnsbakade kycklinglår med rosmarin 176

Kyckling med lök, potatis, fikon och morötter 177

Kyckling och Tzatziki 179

moussaka 181

Dijon fläskrulle med örter 182

Biff med svampsås och rött vin 185

Grekiska köttbullar 188

Lamm med gröna bönor 190

Kyckling i tomatsås och balsamicosås 192

Brunt rissallad med fetaost, färska ärtor och mynta 194

Integral pitabröd fyllt med oliver och kikärter 196

Rostade morötter med valnötter och cannellinibönor 198

Kryddad smörkyckling 200

Dubbel kyckling med bacon och ost 202

Räkor med citron och peppar 204
Bakad och kryddad hälleflundra 206
Currylax med senap 208
Lax i valnötter och rosmarin 209
Snabb spagetti med tomater 211
Bakad chili oregano ost 213
311. Mör italiensk kyckling 213
Grekisk kyckling i en långsam spis 215
Grillad kyckling 217

Quinoa pizza

Förberedelsetid: 15 minuter

Tillagningstid: 30 minuter

Portioner: 4

Svårighetsgrad: lätt

Ingredienser:

- 1 kopp rå quinoa
- 2 stora ägg
- ½ medelstor lök, tärnad
- 1 kopp tärnad paprika
- 1 kopp strimlad mozzarella
- 1 matsked torkad basilika
- 1 matsked torkad oregano
- 2 teskedar vitlökspulver
- 1/8 tesked salt
- 1 tsk hackad röd paprika
- ½ kopp rostad röd paprika, hackad*
- Pizzasås, ca 1-2 dl

Indikationer:

Värm ugnen till 350oF. Koka quinoan enligt anvisningarna. Blanda alla ingredienser (förutom såsen) i en skål. Blanda alla ingredienser väl.

Häll quinoapizzablandningen jämnt i muffinsformen. Gör 12 muffins. Grädda i 30 minuter tills muffinsen är gyllenbruna och kanterna är krispiga.

Häll på 1-2 matskedar pizzasås och njut!

Näring (per 100 g): 303 kalorier 6,1 g fett 41,3 g kolhydrater 21 g protein 694 mg natrium

Rosmarin- och valnötslimpa

Förberedelsetid: 5 minuter

Tillagningstid: 45 minuter

Portioner: 8

Svårighetsgrad: svårt

Ingredienser:

- ½ kopp hackade valnötter
- 4 matskedar hackad färsk rosmarin
- 1 1/3 koppar varmt kolsyrat vatten
- 1 matsked honung
- ½ kopp extra virgin olivolja
- 1 tesked äppelcidervinäger
- 3 ägg
- 5 teskedar instant torrjästgranulat
- 1 tesked salt
- 1 matsked xantangummi
- ¼ kopp torkad kärnmjölk
- 1 kopp vitt rismjöl
- 1 kopp tapiokastärkelse
- 1 dl pilrotsstärkelse
- 1 ¼ koppar Bob's Red Mill All Purpose Glutenfri Mjölblandning

Indikationer:

Vispa äggen väl i en stor skål. Tillsätt 1 dl varmt vatten, honung, olivolja och vinäger.

Fortsätt vispa och tillsätt resten av ingredienserna förutom rosmarin och valnötter.

Fortsätt slå. Om degen är för kompakt, blanda i lite varmt vatten. Degen ska vara fluffig och tjock.

Tillsätt sedan rosmarin och valnötter och fortsätt mixa tills de är jämnt fördelade.

Täck degbunken med en ren handduk, ställ den på en varm plats och låt den jäsa i 30 minuter.

Femton minuter efter att jäsningen har börjat, förvärm ugnen till 400oF.

Smörj en 2 liter holländsk ugn med olivolja och förvärm den inuti utan lock.

När degen har jäst tar du ut grytan från ugnen och lägger in degen. Fördela jämnt över toppen av pastan med en fuktig spatel i grytan.

Pensla toppen av limpan med 2 matskedar olivolja, täck den holländska ugnen och grädda i 35 till 45 minuter. När brödet är gräddat, ta ut det från ugnen. Och ta försiktigt bort brödet från pannan. Låt brödet svalna i minst tio minuter innan du skivar det. Servera och njut.

Näring (per 100 g): 424 kalorier 19 g fett 56,8 g kolhydrater 7 g protein 844 mg natrium

Läckra krispiga smörgåsar

Förberedelsetid: 5 minuter

Tillagningstid: 10 minuter

Portioner: 4

Svårighetsgrad: lätt

Ingredienser:

- 1 matsked olivolja
- Franskt bröd delat och skivat diagonalt
- 1 pund krabba räkor
- ½ kopp selleri
- ¼ kopp hackad salladslök
- 1 tsk Worcestershiresås
- 1 tsk citronsaft
- 1 sked dijonsenap
- ½ kopp lätt majonnäs

Indikationer:

Blanda noggrant i en medelstor skål: selleri, lök, Worcestershire, citronsaft, senap och majonnäs. Krydda med peppar och salt. Tillsätt sedan mandeln och krabban försiktigt.

Ringla olivolja över skivorna av skivat bröd och täck krabborna med blandningen, lägg sedan till ytterligare en skiva bröd.

Grilla smörgåsen i paninipress tills brödet är knaprigt och skrynkligt.

Näring (per 100 g): 248 kalorier 10,9 g fett 12 g kolhydrater 24,5 g protein 845 mg natrium

Perfekt pizza

Förberedelsetid: 35 minuter

Tillagningstid: 15 minuter

Portioner: 10

Svårighetsgrad: svårt

Ingredienser:

- <u>Till pizzadegen:</u>
- 2 teskedar honung
- 1/4 oz. torrjäst
- 1 1/4 koppar varmt vatten (ca 120°F)
- 2 matskedar olivolja
- 1 tsk havssalt
- 3 koppar fullkornsmjöl + 1/4 kopp efter behov för rullning
- <u>För pizzafyllningen:</u>
- 1 kopp pesto
- 1 kopp kronärtskockshjärtan
- 1 dl vissna bladspenat
- 1 dl soltorkade tomater
- 1/2 kopp Kalamata oliver
- 4 oz. fetaost
- 4 oz. blandad ost i lika delar låg fetthalt mozzarella, asiago och provola olivolja
- <u>Valfria packningstillbehör:</u>

- Peppar
- Kycklingbröst, strimlor Färsk basilika
- kottar

Indikationer:

Till pizzadegen:

Värm ugnen till 350°F.

Blanda honung och jäst med varmt vatten i en stavmixer med degfäste. Rör om blandningen tills den är helt kombinerad. Låt blandningen sitta i 5 minuter för att säkerställa jästens aktivitet genom att bubblor uppstår på ytan.

Häll olivolja. Tillsätt salt och rör om i en halv minut. Tillsätt gradvis 3 koppar mjöl, ungefär en halv kopp åt gången, blanda i några minuter mellan varje tillsats.

Låt ståmixern knådas i 10 minuter tills den är slät och elastisk, pudra med mjöl så ofta som behövs för att förhindra att degen fastnar på ytan av standmixerbunken.

Ta bort degen från skålen. Låt vila i 15 minuter, täck med en varm, fuktig handduk.

Kavla ut degen till en tjocklek av en halv centimeter, pudra över mjöl efter behov. Stick hål i degen med en gaffel så att skorpan inte bubblar.

Lägg den perforerade och utkavlade degen på en pizzasten eller bakplåt. Koka i 5 minuter.

För pizzafyllningen:

Pensla det kokta pizzaskalet lätt med olivolja.

Häll i peston och fördela jämnt över ytan av pizzaskalet, lämna en halv tums skorpa runt kanten.

Garnera pizzan med kronärtskockshjärtan, vissnade spenatblad, soltorkade tomater och oliver. (Lägg till ytterligare pålägg på toppen om så önskas.) Täck toppen med ost.

Lägg pizzan direkt på grillen i ugnen. Grädda i 10 minuter tills osten bubblar och smält från mitten till botten. Låt pizzan svalna i 5 minuter innan den skärs upp.

Näring (per 100 g): 242,8 kalorier 15,1 g fett 15,7 g kolhydrater 14,1 g protein 942 mg natrium

Medelhavet Margaret

Förberedelsetid: 15 minuter

Tillagningstid: 15 minuter

Portioner: 10

Svårighetsgrad: svårt

Ingredienser:

- 1 sats pizzaskal
- 2 matskedar olivolja
- 1/2 kopp krossade tomater
- 3 romska tomater, skurna i 1/4 tum tjocka skivor
- 1/2 kopp färsk basilika, tunt skivad
- 6 uns blockmozzarella, skuren i 1/4-tums skivor, torka torr med hushållspapper
- 1/2 tsk havssalt

Indikationer:

Värm ugnen till 450°F.

Pensla pizzaskalet lätt med olivolja. Fördela försiktigt de krossade tomaterna över pizzaskalet, lämna en halv tums skorputrymme runt kanten.

Garnera pizzan med romerska tomatskivor, basilikablad och mozzarellaskivor. Strö över pizzan med salt.

Flytta pizzan direkt på ugnsgallret. Koka tills osten smält från mitten till skorpan. Ställ åt sidan innan du skär upp.

Näring (per 100 g): 251 kalorier 8g Fett 34g Kolhydrater 9g Protein 844mg Natrium

Frittata fylld med kryddig zucchini och tomatglasyr

Förberedelsetid: 10 minuter

Tillagningstid: 15 minuter

Portioner: 4

Svårighetsgrad: lätt

Ingredienser:

- 8 bitar ägg
- 1/4 tesked röd paprika, krossad
- 1/4 tesked salt
- 1 matsked olivolja
- 1 bit liten zucchini, skär på längden i tunna skivor
- 1/2 kopp röda eller gula körsbärstomater, halverade
- 1/3 dl valnötter, grovt hackade
- 2 oz. små bitar färsk mozzarella

Indikationer:

Förvärm grillen. Vispa under tiden ägg, krossad rödpeppar och salt i en medelstor skål. Att skjuta upp.

Värm olivoljan i en 10-tums grillsäker stekpanna över medelhög värme. Lägg zucchiniskivorna i ett jämnt lager på botten av pannan. Koka i 3 minuter och vänd dem en gång halvvägs genom tillagningen.

Täck zucchinilagret med körsbärstomater. Ringla äggblandningen över grönsakerna i pannan. Lägg valnötter och mozzarellabollar ovanpå.

Byt till medelvärme. Koka tills sidorna börjar stelna. Lyft upp omeletten med en spatel så att de okokta delarna av äggblandningen glider under den.

Placera pannan på grillen. Koka omeletten 4 tum från värmen i 5 minuter, tills toppen är stel. För att servera skär omeletten i halvmånar.

Näring (per 100 g): 284 kalorier 14 g fett 4 g kolhydrater 17 g protein 788 mg natrium

Bananbröd med gräddfil

Förberedelsetid: 10 minuter

Tillagningstid: 1 timme och 10 minuter

Portioner: 32

Svårighetsgrad: medel

Ingredienser:

- vitt socker (0,25 koppar)
- kanel (1 tsk + 2 tsk)
- smör (0,75)
- Vitt socker (3 koppar)
- Ägg (3)
- Mycket mogna bananer, mosade (6)
- Gräddfil (16 oz behållare)
- Vaniljextrakt (2 teskedar)
- Salt (0,5 teskedar)
- Bakpulver (3 teskedar)
- Allpurpose mjöl (4,5 koppar)
- Valfritt: hackade valnötter (1 kopp)
- Behövs också: 4-7 x 3-tums pannor

Indikationer:

Sätt ugnen på 300° Fahrenheit. Smörj axlarna.

Sikta socker och en tesked kanel. Strö pannan med blandningen.

Vispa smöret med resten av sockret. Mosa bananerna med ägg, kanel, vanilj, gräddfil, salt, bakpulver och mjöl. Släng i nötterna sist.

Häll blandningen i formarna. Koka den i en timme. Tjäna

Näring (per 100 g): 263 kalorier 10,4 g fett 9 g kolhydrater 3,7 g protein 633 mg natrium

Hembakat pitabröd

Förberedelsetid: 15 minuter

Tillagningstid: 5 timmar (inklusive stigtid)

Portioner: 7

Svårighetsgrad: svårt

Ingredienser:

- Torrjäst (0,25 oz)
- socker (0,5 teskedar)
- Brödmjöl/all-purpose fullkornsblandning (2,5 koppar eller mer för strö)
- Salt (0,5 teskedar)
- Vatten (0,25 koppar eller efter behov)
- tillräckligt med olja

Indikationer:

I en liten skål, lös upp jästen och sockret i ¼ kopp varmt vatten. Vänta cirka 15 minuter (färdig när den skummar).

Sikta mjöl och salt i en annan behållare. Gör en brunn i mitten och tillsätt jästblandningen (+) i koppen vatten. Knåda degen.

Lägg den på ett lätt mjölat bord och blanda.

Lägg en droppe olja på botten av en stor skål och kavla ut degen tills den täcker ytan.

Lägg en fuktig trasa över blandningsskålen. Slå in skålen i en fuktig handduk och ställ den på en varm plats i minst två timmar eller över natten. (Degen kommer att fördubblas i volym).

Slå ut degen och knåda brödet och dela det i bollar. Platta ut bollarna till tjocka ovala skivor.

Pudra en kökshandduk med mjöl och lägg de ovala skivorna på den, lämna tillräckligt med utrymme mellan dem för att spridas. Pudra med mjöl och lägg en annan ren kökshandduk ovanpå. Låt jäsa ytterligare en timme eller två.

Sätt ugnen på 425° Fahrenheit. Sätt in några plåtar i ugnen för att värma upp en kort stund. Smörj de uppvärmda brickorna lätt med olja och lägg de ovala bröden på dem.

Strö ovalerna lätt med vatten och koka tills de är lättbruna, eller sex till åtta minuter.

Servera medan den är varm. Lägg upp bullarna på ett galler och linda in dem i en ren, torr trasa för att hålla dem mjuka till senare.

Näring (per 100 g): 210 kalorier 4g Fett 6g Kolhydrater 6g Protein 881mg Natrium

Smörgåsar med focaccia

Förberedelsetid: 10 minuter

Tillagningstid: 20 minuter

Portioner: 6

Svårighetsgrad: lätt

Ingredienser:

- Olivolja (1 matsked)
- 7-korn pilaf (8,5 oz. paket)
- engelsk gurka utan kärnor (1 kopp)
- Tomatfrön (1 kopp)
- Smulad fetaost (0,25 koppar)
- Färsk citronsaft (2 matskedar)
- Nyhackad svartpeppar (0,25 tsk)
- Vanlig hummus (7 oz behållare)
- Helvete vita pannkakor (3 stycken à 2,8 oz)

Indikationer:

Koka pilaffen enligt anvisningarna på förpackningen och låt den svalna.

Skär tomat, gurka, ost, olja, peppar och citronsaft och kombinera. Inkorporera pilaff.

Förbered wraps på ena sidan med hummus. Lägg i pilaffen och vik ihop.

Skär i en bulle och servera.

Näring (per 100 g): 310 kalorier 9g Fett 8g Kolhydrater 10g Protein 745mg Natrium

En tallrik med rostat zaatar pitabröd

Förberedelsetid: 10 minuter

Tillagningstid: 10 minuter

Portioner: 4

Svårighetsgrad: medel

Ingredienser:

- Helkorns pitabrödskivor (4)
- Olivolja (4 matskedar)
- Zaatar (4 teskedar)
- Grekisk yoghurt (1 kopp)
- Svartpeppar och koshersalt (efter smak)
- Hummus (1 kopp)
- Marinerade kronärtskockshjärtan (1 kopp)
- Blandade oliver (2 koppar)
- Hackad rostad röd paprika (1 kopp)
- Körsbärstomater (2 dl)
- Salami (4 oz.)

Indikationer:

Använd en stor stekpanna på medelhög värme.

Pensla pitabrödet lätt med olja på varje sida och tillsätt zaatar efter smak.

Förbered i omgångar genom att lägga till pitabröd i en panna och rosta tills de är gyllene. Detta bör ta cirka två minuter på varje sida. Skär varje biff i fjärdedelar.

Krydda yoghurten med peppar och salt.

För att montera, dela potatis och tillsätt hummus, yoghurt, kronärtskockshjärtan, oliver, röd paprika, tomater och salami.

Näring (per 100 g): 731 kalorier 48 g Fett 10 g Kolhydrater 26 g Protein 632 mg Natrium

Mini kyckling shawarma

Förberedelsetid: 10 minuter

Tillagningstid: 1 timme och 15 minuter

Portioner: 8

Svårighetsgrad: lätt

Ingredienser:

- Kycklingen:
- Kyckling mör (1 lb.)
- Olivolja (0,25 koppar)
- Citron - skal och juice (1)
- Kummin (1 tesked)
- Vitlökspulver (2 teskedar)
- rökt paprika (0,5 tsk)
- Koriander (0,75 tsk)
- Nymalen svartpeppar (1 tesked)
- Sås:
- Grekisk yoghurt (1,25 koppar)
- Citronsaft (1 matsked)
- riven vitlöksklyfta (1)
- Nyhackad dill (2 matskedar)
- Svartpeppar (0,125 tsk / efter smak)
- Kosher salt (efter smak)
- Hackad färsk persilja (0,25 dl)
- Rödlök (hälften av 1)

- Romainesallat (4 blad)
- Engelsk gurka (hälften av 1)
- tomater (2)
- Mini pitas (16)

Indikationer:

Lägg kycklingen i en ziplock-påse. Strimla kycklingbitarna och lägg dem i påsen för att marinera i upp till en timme.

Förbered såsen genom att blanda juice, vitlök och yoghurt i en skål. Rör ner dill, persilja, peppar och salt. Ställ in i kylen.

Värm en panna med värmeinställningen på medium. Ta bort kycklingen från marinaden (låt överskottet droppa av).

Koka tills de är genomstekta eller cirka fyra minuter på varje sida. Skär den i små remsor.

Skär gurkan och löken i tunna skivor. Hacka salladen och skiva tomaterna. Vik och lägg till focaccia: kyckling, sallad, lök, tomat och gurka.

Näring (per 100 g): 216 kalorier 16g Fett 9g Kolhydrater 9g Protein 745mg Natrium

Aubergine pizza

Förberedelsetid: 10 minuter

Tillagningstid: 30 minuter

Portioner: 6

Svårighetsgrad: medel

Ingredienser:

- Aubergine (1 stor eller 2 medelstora)
- Olivolja (0,33 koppar)
- Svartpeppar och salt (efter smak)
- Marinarasås - köpt i butik/hemgjord (1,25 koppar)
- strimlad mozzarella (1,5 dl)
- Körsbärstomater (2 koppar - halverade)
- Plockade basilikablad (0,5 kopp)

Indikationer:

Värm ugnen tills den når 400 ° Fahrenheit. Förbered en form med ett lager bakplåtspapper.

Skär ändarna/ändarna av auberginerna och skär dem i tumstora skivor. Lägg skivorna på den förberedda degen och täck båda sidor med olivolja. Strö över peppar och salt efter eget tycke.

Rosta auberginema tills de är mjuka (10 till 12 min.).

Ta ut pannan från ugnen och ringla två matskedar av såsen över toppen av varje sektion. Lägg mozzarella och tre till fem bitar tomater ovanpå.

Koka tills osten smält. Tomaterna ska börja bli blåsor ungefär fem till sju minuter längre.

Vi bakar pannan. Servera och garnera med basilika.

Näring (per 100 g):257 kalorier 20 g Fett 11 g Kolhydrater 8 g Protein 789 mg Natrium

Helvete medelhavspizza

Förberedelsetid: 10 minuter

Tillagningstid: 25 minuter

Portioner: 4

Svårighetsgrad: lätt

Ingredienser:

- Helvete pizzaskorpa (1)
- Basilika Pesto (4-ounce burk)
- Kronärtskockshjärtan (0,5 dl)
- Kalamata oliver (2 matskedar)
- Pepperoncini (2 matskedar avrunnen)
- Feta (0,25 koppar)

Indikationer:

Programmera ugnen till 450° Fahrenheit.

Låt rinna av och skär kronärtskockorna i bitar. Skär/hacka chilipeppar och oliver.

Lägg pizzakroppen på en mjölad arbetsyta och strö pesto över.

Lägg kronärtskockorna, röd paprikaskivorna och oliverna på pizzan. Smula till sist ner och tillsätt fetaost.

Grädda i 10-12 minuter. Tjäna.

Näring (per 100 g): 277 kalorier 18,6 g fett 8 g kolhydrater 9,7 g protein 841 mg natrium

Ugnsbakad spenat och feta pita

Förberedelsetid: 5 minuter

Tillagningstid: 22 minuter

Portioner: 6

Svårighetsgrad: svårt

Ingredienser:

- Soltorkad tomatpesto (6 oz. balja)
- Roma - körsbärstomater (2 hackade)
- Helvete pitabröd (sex 6-tums)
- Spenat (1 gäng)
- Svamp (4 skivor)
- riven parmesanost (2 matskedar)
- Smulad fetaost (0,5 dl)
- Olivolja (3 matskedar)
- Svartpeppar (efter smak)

Indikationer:

Sätt ugnen på 350° Fahrenheit.

Bred pesto på ena sidan av varje pitabröd och lägg på plåt (pestosidan upp).

Skölj och hacka spenaten. Dekorera focaccia med spenat, svamp, tomater, fetaost, peppar, parmesan, peppar och en droppe olja.

Grädda i den förvärmda ugnen tills pitabrödet är knaprigt (12 minuter). Skär bullarna i fjärdedelar.

Näring (per 100 g): 350 kalorier 17,1 g Fett 9 g Kolhydrater 11,6 g Protein 712 mg Natrium

Vattenmelon feta och balsamico pizza

Förberedelsetid: 10 minuter

Tillagningstid: 15 minuter

Portioner: 4

Svårighetsgrad: lätt

Ingredienser:

- Vattenmelon (1 tum tjock från mitten)
- Smulad fetaost (1 uns)
- Hackade Kalamata-oliver (5-6)
- Myntablad (1 tesked)
- Balsamicoglasyr (0,5 matsked)

Indikationer:

Skär den bredaste delen av vattenmelonen på mitten. Skär sedan varje halva i fyra skivor.

Servera på en rund kakform som en rund pizza och täck med oliver, ost, myntablad och topping.

Näring (per 100 g): 90 kalorier 3g Fett 4g Kolhydrater 2g Protein 761mg Natrium

Burger med blandade kryddor

Förberedelsetid: 10 minuter

Tillagningstid: 30 minuter

Portioner: 6

Svårighetsgrad: medel

Ingredienser:

- medelstor lök (1)
- Färsk persilja (3 matskedar)
- vitlöksklyfta (1)
- Mald kryddpeppar (0,75 tsk)
- Paprika (0,75 tsk)
- Malen muskotnöt (0,25 tsk)
- kanel (0,5 tsk)
- Salt (0,5 teskedar)
- Färsk mynta (2 matskedar)
- 90 % magert nötfärs (1,5 pund)
- Valfritt: kall tzatzikisås

Indikationer:

Finhacka/hacka persilja, mynta, vitlök och lök.

Vispa i muskotnöt, salt, kanel, peppar, kryddpeppar, vitlök, mynta, persilja och lök.

Tillsätt nötkött och gör sex (6) 2 x 4 tums biffar.

Använd medelvärme för att grilla köttbullarna eller stek dem fyra centimeter från värmen i 6 minuter på varje sida.

När de är klara kommer en kötttermometer att registrera 160° Fahrenheit. Servera med sås om så önskas.

Näring (per 100 g): 231 kalorier 9g Fett 10g Kolhydrater 32g Protein 811mg Natrium

Smörgåsar Skinka - Sallad - Tomat och avokado

Förberedelsetid: 10 minuter

Tillagningstid: 10 minuter

Portioner: 4

Svårighetsgrad: lätt

Ingredienser:

- Skinka (2 ounce/8 tunna skivor)
- Mogen avokado (1 halverad)
- Romainesallat (4 hela blad)
- Stor mogen tomat (1)
- Skivor av brunt eller fullkornsbröd (8)
- Svartpeppar och koshersalt (0,25 teskedar)

Indikationer:

Skär salladsbladen i åtta bitar (totalt). Skär tomaten i åtta cirklar. Rosta brödet och lägg det på en tallrik.

Skrapa fruktköttet från avokadoskalet och lägg det i en skål. Strö lätt över peppar och salt. Vispa eller mosa avokadon försiktigt tills den blir krämig. Bred på bröd.

Gör en smörgås. Ta en skiva avokadotoast; dekorera med ett salladsblad, en skiva skinka och en skiva tomat. Toppa med ytterligare en skiva salladstomat och fortsätt.

Upprepa processen tills alla ingredienser är slut.

Näring (per 100 g): 240 kalorier 9g Fett 8g Kolhydrater 12g Protein 811mg Natrium

Spenatkaka

Förberedelsetid: 10 minuter

Tillagningstid: 60 minuter

Portioner: 6

Svårighetsgrad: medel

Ingredienser:

- Smält smör (0,5 dl)
- Fryst spenat (10 oz. paket)
- Färsk persilja (0,5 kopp)
- Grön lök (0,5 dl)
- Färsk dill (0,5 koppar)
- Smulad fetaost (0,5 dl)
- Gräddost (4 oz)
- Keso (4 oz)
- Parmesanost (2 matskedar - riven)
- stora ägg (2)
- Peppar och salt (efter smak)
- Filodeg (40 ark)

Indikationer:

Värm ugnen till 350 grader Fahrenheit.

Skär/hacka löken, dillen och persiljan. Tina spenat och pastablad. Spenat torkas genom pressning.

Mixa spenat, schalottenlök, ägg, ost, persilja, dill, peppar och salt i en mixer tills det blir krämigt.

Vi förbereder små filétrianglar genom att fylla dem med en tesked spenatblandning.

Klä utsidan av trianglarna lätt med smör och lägg dem med skarven nedåt på en smord plåt.

Sätt in dem i en uppvärmd ugn tills de är gyllene och pösiga (20-25 min.). Servera varm.

Näring (per 100 g): 555 kalorier 21,3 g fett 15 g kolhydrater 18,1 g protein 681 mg natrium

Feta kycklingburgare

Förberedelsetid: 10 minuter

Tillagningstid: 30 minuter

Portioner: 6

Svårighetsgrad: medel

Ingredienser:

- ¼ kopp majonnäs med låg fetthalt
- ¼ kopp finhackad gurka
- ¼ tesked svartpeppar
- 1 tsk vitlökspulver
- ½ kopp hackad rostad söt röd paprika
- ½ tesked grekisk peppar
- 1,5 pund mager mald kyckling
- 1 dl smulad fetaost
- 6 fullkorns hamburgare

Indikationer:

Värm grillen i ugnen i förväg. Blanda majonnäs och gurka. Att skjuta upp.

Kombinera varje krydda och chili på hamburgarna. Blanda kycklingen och osten väl. Forma blandningen till 6 1/2-tums tjocka biffar.

Koka hamburgarna på grillen, placera dem cirka fyra centimeter från värmekällan. Koka tills en termometer visar 165 ° Fahrenheit.

Serveras med bulle och gurksås. Om så önskas, garnera med tomater och sallad och servera.

Näring (per 100 g): 356 kalorier 14g Fett 10g Kolhydrater 31g Protein 691mg Natrium

Helstekt fläsk till tacos

Förberedelsetid: 10 minuter

Tillagningstid: 1 timme och 15 minuter

Portioner: 6

Svårighetsgrad: medel

Ingredienser:

- Grillad fläskaxel (4 lbs.)
- Tärnad grön chilipeppar (2-4 oz burkar)
- Chilipulver (0,25 koppar)
- Torkad oregano (1 tesked)
- Tacopeppar (1 tesked)
- Vitlök (2 teskedar)
- Salt (1,5 tsk eller efter behov)

Indikationer:

Sätt ugnen på 300° Fahrenheit.

Lägg steken ovanpå ett stort ark aluminiumfolie.

Låt paprikan rinna av. Hacka vitlöken.

Blanda grön chili, tacokrydda, chilipulver, oregano och vitlök. Bred ut blandningen på bakverken och täck med ett lager aluminiumfolie.

Lägg det inslagna fläsket på ett galler på en plåt för att fånga upp eventuellt spill.

Grädda i 3,5 till 4 timmar i en het ugn tills den faller isär. Koka tills mitten når minst 145 ° Fahrenheit när den testas med en kötttermometer (kärntemperatur).

Överför steken till en skärbräda för att strimla den med två gafflar. Krydda efter smak.

Näring (per 100 g): 290 kalorier 17,6 g fett 12 g kolhydrater 25,3 g protein 471 mg natrium

Italiensk äppelpaj med olivolja

Förberedelsetid: 10 minuter

Tillagningstid: 1 timme och 10 minuter

Portioner: 12

Svårighetsgrad: medel

Ingredienser:

- Galaäpplen (2 stora)
- Apelsinjuice - för att doppa äpplen
- Allpurpose mjöl (3 koppar)
- mald kanel (0,5 tesked)
- Muskotnöt (0,5 tsk)
- Bakpulver (1 tesked)
- natriumbikarbonat (1 tesked)
- socker (1 kopp)
- Olivolja (1 kopp)
- stora ägg (2)
- Gyllene russin (0,66 koppar)
- Pudersocker - för att strö över
- Behövs också: 9-tums bakplåt

Indikationer:

Skala och finhacka äpplena. Ringla över äpplena med lagom mycket apelsinjuice för att förhindra att de får färg.

Blötlägg russinen i varmt vatten i 15 minuter och låt rinna av väl.

Sikta bakpulver, mjöl, bakpulver, kanel och muskotnöt. Lägg upp det för nu.

Häll olivoljan och sockret i skålen på en stavmixer. Blanda på låg i 2 minuter eller tills det är väl blandat.

Blanda dem allt eftersom, bryt äggen ett i taget och mixa i 2 minuter. Volymen av blandningen bör öka; den ska vara tjock, inte rinnig.

Blanda alla ingredienser väl. Gör en brunn i mitten av mjölblandningen och tillsätt olivsockerblandningen.

Ta bort överflödig juice från äpplena och rinna av de blötlagda russinen. Tillsätt dem i degen, blanda väl.

Förbered en form med bakplåtspapper. Lägg degen på pannan och jämna till med baksidan av en träslev.

Grädda i 45 minuter vid 350° Fahrenheit.

När kakan är klar, ta bort den från bakplåten och lägg den på ett serveringsfat. Strö över strösocker. Värm mörk honung för att dekorera ytan.

Näring (per 100 g): 294 kalorier 11g Fett 9g Kolhydrater 5,3g Protein 691mg Natrium

Snabb tilapia med rödlök och avokado

Förberedelsetid: 10 minuter

Tillagningstid: Fem minuter

Portioner: 4

Svårighetsgrad: medel

Ingredienser:

- 1 msk extra virgin olivolja
- 1 matsked färskpressad apelsinjuice
- ¼ tesked kosher eller havssalt
- 4 tilapiafiléer, mer avlånga än fyrkantiga, skinn-på eller skinn-on
- ¼ kopp hackad rödlök
- 1 avokado

Indikationer:

Kombinera oljan, apelsinjuicen och saltet i en 9-tums kakform av glas. Arbeta filéerna samtidigt, lägg var och en i pannan och täck dem på alla sidor. Forma filéerna till formen av vagnshjul. Lägg 1 matsked lök ovanpå varje docka, vik sedan den utskjutande änden av dockan halvvägs över kanten över löken. När du är klar ska du ha 4 vikta dockor med vecket mot skålens ytterkant och ändarna i mitten.

Slå in behållaren i plast, lämna en liten del öppen i kanten så att ångan kan ventileras. Koka på hög värme i ca 3 minuter i mikron. När den är klar ska den falla isär i flingor (bitar) när den trycks försiktigt med en gaffel. Garnera filéerna med avokado och servera.

Näring (per 100 g): 200 kalorier 3 g fett 4 g kolhydrater 22 g protein 811 mg natrium

Grillad fisk med citron

Förberedelsetid: 10 minuter
Tillagningstid: 10 minuter
Portioner: 4
Svårighetsgrad: svårt

Ingredienser:

- 4 (4 uns) fiskfiléer
- Non-stick matlagningsspray
- 3 till 4 medelstora citroner
- 1 msk extra virgin olivolja
- ¼ tesked nymalen svartpeppar
- ¼ tesked kosher eller havssalt

Indikationer:

Torka filéerna med hushållspapper och låt dem vila i 10 minuter i rumstemperatur. Belägg under tiden gallret på en kallgrill med nonstick-spray och förvärm grillen till 400 °F eller medelhög.

Skär citronen på mitten och ställ hälften åt sidan. Skär den återstående hälften av citronen och de återstående citronerna i ¼-tums tjocka skivor. (Du bör ha cirka 12 till 16 citronklyftor.) I en liten skål, pressa 1 matsked juice från den reserverade citronhalvan.

Tillsätt oljan i skålen med citronsaften och blanda väl. Belägg båda sidor av fisken med oljeblandningen och strö över peppar och salt.

Lägg försiktigt citronskivorna på gallret (eller grillpannan), arrangera 3 till 4 skivor i en fiskfiléform och upprepa samma sak med de återstående skivorna. Lägg fiskfilén direkt på citronklyftorna och grilla med locket stängt. (Om du grillar på spisen, täck den med ett stort lock eller aluminiumfolie.) Vänd fisken bara halvvägs genom tillagningen om filéerna är mer än en halv tum tjocka. Den är tillagad när den börjar separera till flingor när den trycks lätt med en gaffel.

Näring (per 100 g): 147 kalorier 5 g Fett 1 g Kolhydrater 22 g Protein 917 mg natrium

Stekt fiskmiddag under veckan

Förberedelsetid: 10 minuter

Tillagningstid: 10 minuter

Portioner: 4

Svårighetsgrad: medel

Ingredienser:

- Non-stick matlagningsspray
- 2 matskedar extra virgin olivolja
- 1 matsked balsamvinäger
- 4 (4-ounce) fiskfiléer (½ tum tjocka)
- 2½ koppar gröna bönor
- 1 pint körsbärstomater eller körsbärstomater

Indikationer:

Värm ugnen till 400 ° F. Belägg två stora bakplåtar med nonstick-spray. Blanda olja och vinäger i en liten skål. Att skjuta upp. Lägg två fiskbitar på varje bricka.

Blanda bönor och tomater i en stor skål. Häll i olja och vinäger och blanda försiktigt för att täcka. Skeda hälften av gröna bönblandningen över fisken på det ena arket och den andra hälften över fisken på det andra arket. Vänd fisken och gnid in oljeblandningen för att täcka. Ordna grönsakerna jämnt på brickorna så att den varma luften kan cirkulera runt dem.

Koka tills fisken precis är ogenomskinlig. Den är tillagad när den börjar delas i bitar när den försiktigt petas med en gaffel.

Näring (per 100 g): 193 kalorier 8g Fett 3g Kolhydrater 23g Protein 811mg Natrium

Krispiga fiskpinnar med polenta

Förberedelsetid: 10 minuter

Tillagningstid: 15 minuter

Portioner: 4

Svårighetsgrad: svårt

Ingredienser:

- 2 stora ägg, lätt vispade
- 1 matsked 2% mjölk
- 1 pund skalade fiskfiléer, skurna i 20 remsor (1 tum breda)
- ½ kopp gult majsmjöl
- ½ kopp fullkorn panko brödsmulor
- ¼ tesked rökt paprika
- ¼ tesked kosher eller havssalt
- ¼ tesked nymalen svartpeppar
- Non-stick matlagningsspray

Indikationer:

Sätt in en stor kantad bakplåt i ugnen. Värm ugnen till 400 ° F med en bakplåt. Blanda ägg och mjölk i en stor skål. Använd en gaffel, lägg till fiskremsorna i äggblandningen och rör försiktigt till beläggningen.

Placera majsmjöl, ströbröd, rökt paprika, salt och peppar i en plastpåse med fyra liter ziplock. Använd en gaffel eller tång, för över fisken till påsen och låt överflödigt ägg droppa ner i skålen innan du överför den. Stäng tätt och använd en mjuk cirkulär rörelse för att helt täcka varje fiskpinne.

Ha på handskar, ta försiktigt bort den heta pannan från ugnen och spraya den med nonstick-spray. Använd en gaffel eller tång, ta bort fiskfingrarna från påsen och placera dem på den varma bakplåten, lämna utrymme mellan dem så att den varma luften kan cirkulera och bli knaprig. Koka i 5-8 minuter tills lätt tryck med en gaffel får fisken att flagna och servera.

Näring (per 100 g): 256 kalorier 6 g fett 2 g kolhydrater 29 g protein 667 mg natrium

Lax stekt i panna

Förberedelsetid: 15 minuter

Tillagningstid: 15 minuter

Portioner: 4

Svårighetsgrad: medel

Ingredienser:

- 1 msk extra virgin olivolja
- 2 hackade vitlöksklyftor
- 1 tsk rökt paprika
- 1 liter druv- eller körsbärstomater skurna i fjärdedelar
- 1 (12 oz) konserverad rostad röd paprika
- 1 matsked vatten
- ¼ tesked nymalen svartpeppar
- ¼ tesked kosher eller havssalt
- 1 pund laxfiléer, utan skinn, skurna i 8 bitar
- 1 msk färskpressad citronsaft (från ½ medium citron)

Indikationer:

Hetta upp oljan i en kastrull på medelvärme. Rör ner vitlök och rökt paprika och koka i 1 minut, rör om ofta. Rör ner tomater, rostad peppar, vatten, svartpeppar och salt. Vänd värmen till medelhög, låt koka upp och koka i 3 minuter, mosa tomaterna tills tillagningstiden är slut.

Lägg laxen i pannan och ringla lite av såsen över toppen. Täck över och koka i 10-12 minuter (145°F med en kötttermometer) tills den börjar falla isär.

Ta kastrullen från värmen och ringla citronsaft över fisken. Rör ner såsen och skär sedan laxen i bitar. Tjäna.

Näring (per 100 g): 289 kalorier 13 g fett 2 g kolhydrater 31 g protein 581 mg natrium

Toskanska tonfisk- och zucchiniburgare

Förberedelsetid: 10 minuter

Tillagningstid: 30 minuter

Portioner: 4

Svårighetsgrad: medel

Ingredienser:

- 3 skivor smörgåsbröd med fullkornsvete, rostade
- 2 (5 oz) burkar tonfisk i olivolja
- 1 kopp riven zucchini
- 1 stort ägg, lätt uppvispat
- ¼ kopp hackad röd paprika
- 1 matsked torkad oregano
- 1 tsk citronskal
- ¼ tesked nymalen svartpeppar
- ¼ tesked kosher eller havssalt
- 1 msk extra virgin olivolja
- Sallad eller 4 helvete wraps för servering (valfritt)

Indikationer:

Smula sönder rostat bröd med fingrarna (eller använd en kniv för att skära i ¼-tums kuber) tills du har 1 kopp lösa ströbröd. Häll ströbrödet i en stor skål. Tillsätt tonfisk, zucchini, ägg, peppar, oregano, citronskal, svartpeppar och salt. Blanda väl med en gaffel. Dela blandningen i fyra (½ kopp stora) biffar. Lägg på en plåt och tryck till varje biff tills den är ca. Med tum.

Hetta upp oljan i en panna på medelhög värme. Tillsätt köttbullarna i den heta oljan och sänk sedan värmen till medel. Koka köttbullarna i 5 minuter, vänd dem med en spatel och koka i ytterligare 5 minuter. Njut av den som den är, eller servera den på en sallad eller fullkornsrullar.

Näring (per 100 g): 191 kalorier 10g Fett 2g Kolhydrater 15g Protein 661mg Natrium

Siciliansk svartkål och tonfiskrätt

Förberedelsetid: 15 minuter

Tillagningstid: 15 minuter

Portioner: 6

Svårighetsgrad: medel

Ingredienser:

- 1 pund grönkål
- 3 matskedar extra virgin olivolja
- 1 dl hackad lök
- 3 vitlöksklyftor, hackade
- 1 (2,25 oz) burk hackade oliver, avrunna
- ¼ kopp kapris
- ¼ tesked röd paprika
- 2 teskedar socker
- 2 (6 oz) burkar tonfisk i olivolja
- 1 (15 oz) burk cannellinibönor
- ¼ tesked mald svartpeppar
- ¼ tesked kosher eller havssalt

Indikationer:

Koka upp tre fjärdedelar av vattnet i en kastrull. Rör ner kålen och koka i 2 minuter. Sila grönkålen genom ett durkslag och ställ åt sidan.

Sätt tillbaka den tomma pannan på spisen på medelhög värme och tillsätt oljan. Tillsätt löken och fräs i 4 minuter under konstant omrörning. Tillsätt vitlöken och koka i 1 minut. Tillsätt oliver, kapris och krossad röd paprika och koka i 1 minut. Tillsätt slutligen den delvis kokta grönkålen och sockret, rör om tills grönkålen är helt täckt med olja. Stäng grytan och koka i 8 minuter.

Ta bort kålen från värmen, tillsätt tonfisk, bönor, peppar och salt och servera.

Näring (per 100 g): 265 kalorier 12g Fett 7g Kolhydrater 16g Protein 715mg Natrium

Medelhavstorskgryta

Förberedelsetid: 10 minuter
Tillagningstid: 20 minuter
Portioner: 6
Svårighetsgrad: medel

Ingredienser:

- 2 matskedar extra virgin olivolja
- 2 dl hackad lök
- 2 vitlöksklyftor, hackade
- ¾ tesked rökt paprika
- 1 (14,5 oz) burk tärnade tomater, inte avrunna
- 1 (12 oz) konserverad rostad röd paprika
- 1 dl hackade oliver, gröna eller svarta
- 1/3 kopp torrt rött vin
- ¼ tesked nymalen svartpeppar
- ¼ tesked kosher eller havssalt
- 1 1/2 pund torskfiléer, skurna i 1-tums bitar
- 3 koppar skivade svampar

Indikationer:

Koka upp oljan i en kastrull. Tillsätt löken och fräs i 4 minuter, rör om då och då. Rör ner vitlök och rökt paprika och koka i 1 minut, rör om ofta.

Kombinera tomater med juice, rostad paprika, oliver, vin, peppar och salt och öka värmen till medelhög. Koka upp. Tillsätt torsken och svampen och sänk värmen till medelhög.

Koka i cirka 10 minuter, rör om då och då, tills torsken är genomstekt och lätt flagnar, servera sedan.

Näring (per 100 g): 220 kalorier 8g Fett 3g Kolhydrater 28g Protein 583mg Natrium

Ångkokta musslor i vitvinssås

Förberedelsetid: 5 minuter

Tillagningstid: 10 minuter

Portioner: 4

Svårighetsgrad: svårt

Ingredienser:

- 2 pund små musslor
- 1 msk extra virgin olivolja
- 1 kopp tunt skivad rödlök
- 3 vitlöksklyftor, skurna i skivor
- 1 kopp torrt vitt vin
- 2 citronskivor (¼ tum tjocka)
- ¼ tesked nymalen svartpeppar
- ¼ tesked kosher eller havssalt
- Färska citronklyftor för servering (valfritt)

Indikationer:

I ett stort durkslag i diskhon kör musslorna under kallt vatten (men låt inte musslorna sitta i stående vatten). Alla skal bör vara tätt stängda; kassera skal som är lätt öppna eller spruckna. Låt musslorna ligga kvar i durkslaget tills du ska använda dem.

Hetta upp oljan i en stor panna. Tillsätt löken och fräs i 4 minuter, rör om då och då. Tillsätt vitlöken och koka i 1 minut under konstant omrörning. Tillsätt vin, citronskivor, peppar och salt och låt koka upp. Koka i 2 minuter.

Lägg på musslor och täck. Koka tills musslorna öppnar sina skal. Skaka pannan försiktigt två eller tre gånger under tillagningen.

Alla skal ska nu vara öppna. Använd en hålslev och kassera musslorna medan de fortfarande är stängda. Häll de öppnade musslorna i en grund serveringsform och täck med buljongen. Servera med ytterligare skivor färsk citron, om så önskas.

Näring (per 100 g): 222 kalorier 7g Fett 1g Kolhydrater 18g Protein 708mg Natrium

Apelsin och vitlök räkor

Förberedelsetid: 20 minuter
Tillagningstid: 10 minuter
Portioner: 6
Svårighetsgrad: svårt

Ingredienser:

- 1 stor apelsin
- 3 matskedar extra virgin olivolja, delad
- 1 matsked hackad färsk rosmarin
- 1 matsked hackad färsk timjan
- 3 vitlöksklyftor, hackad (ca 1 1/2 tsk)
- ¼ tesked nymalen svartpeppar
- ¼ tesked kosher eller havssalt
- 1 1/2 pund färska råa räkor, skal och svansar borttagna

Indikationer:

Riv hela apelsinen på ett citrus rivjärn. Blanda apelsinskalet och 2 msk olja med rosmarin, timjan, vitlök, peppar och salt. Rör ner räkorna, förslut påsen och massera försiktigt in räkorna tills alla ingredienser är kombinerade och räkorna är helt täckta av kryddningen. Avsätta.

Värm en grill, grillpanna eller stor stekpanna på medelvärme. Rengör eller skaka den återstående 1 msk olja. Tillsätt hälften av räkorna och koka i 4 till 6 minuter, eller tills räkorna är rosa och vita, vänd halvvägs om du grillar, eller rör om varje minut om du grillar. Fördela räkorna i en stor serveringsskål. Upprepa och lägg dem i skålen.

Medan räkorna kokar skal du apelsinen och skär fruktköttet i små bitar. Lägg i en serveringsskål och blanda med de kokta räkorna. Servera omedelbart eller kyl och servera kyld.

Näring (per 100 g): 190 kalorier 8g Fett 1g Kolhydrater 24g Protein 647mg Natrium

Bakad räkgnocchi

Förberedelsetid: 10 minuter

Tillagningstid: 20 minuter

Portioner: 4

Svårighetsgrad: medel

Ingredienser:

- 1 dl hackade färska tomater
- 2 matskedar extra virgin olivolja
- 2 vitlöksklyftor, hackade
- ½ tesked nymalen svartpeppar
- ¼ tesked hackad röd paprika
- 1 (12 oz) konserverad rostad röd paprika
- 1 pund färska råa räkor, skal och svansar borttagna
- 1 pund frysta dumplings (ej tinade)
- ½ kopp tärnad fetaost
- 1/3 kopp rivna färska basilikablad

Indikationer:

Värm ugnen till 425° F. Kombinera tomater, olja, vitlök, svartpeppar och krossad röd paprika i en stekpanna. Grädda i ugnen i 10 minuter.

Rör ner den rostade paprikan och räkorna. Koka i ytterligare 10 minuter tills räkorna är rosa och vita.

Medan räkorna kokar kokar du dumplingsna på spisen enligt anvisningarna på förpackningen. Häll av i ett durkslag och håll varmt. Ta ut skålen från ugnen. Rör ner den kokta gnocchin, fetaosten och basilikan och servera.

Näring (per 100 g): 277 kalorier 7g Fett 1g Kolhydrater 20g Protein 711mg Natrium

Kryddig räkor puttanesca

Förberedelsetid: 5 minuter

Tillagningstid: 15 minuter

Portioner: 4

Svårighetsgrad: medel

Ingredienser:

- 2 matskedar extra virgin olivolja
- 3 ansjovisfiléer, avrunna och skivade
- 3 vitlöksklyftor, hackade
- ½ tesked hackad röd paprika
- 1 (14,5 oz) tärnade tomater med låg natriumhalt eller tomater utan salt, ej avrunna
- 1 (2,25 oz) burk svarta oliver
- 2 matskedar kapris
- 1 matsked hackad färsk oregano
- 1 pund färska råa räkor, skal och svansar borttagna

Indikationer:

Hetta upp oljan på medelvärme. Blanda ansjovis, vitlök och krossad röd paprika. Koka i 3 minuter, rör om ofta och krossa ansjovisen med en träslev tills de löser sig i oljan.

Tillsätt tomater med juice, oliver, kapris och oregano. Öka värmen till medelhög och låt koka upp.

När såsen bubblar något, tillsätt räkorna. Vänd värmen till medel och koka räkor tills de är rosa och vita, servera sedan.

Näring (per 100 g): 214 kalorier 10 g fett 2 g kolhydrater 26 g protein 591 mg natrium

Italienska tonfiskmackor

Förberedelsetid: 10 minuter

Tillagningstid: 0 minuter

Portioner: 4

Svårighetsgrad: lätt

Ingredienser:

- 3 matskedar färskpressad citronsaft
- 2 matskedar extra virgin olivolja
- 1 vitlöksklyfta, hackad
- ½ tesked nymalen svartpeppar
- 2 (5-ounce) burkar tonfisk, avrunna
- 1 (2,25 oz) burk skivade oliver
- ½ kopp hackad färsk fänkål, inklusive blad
- 8 skivor fullkornsbröd

Indikationer:

Blanda citronsaft, olja, vitlök och peppar. Tillsätt tonfisk, oliver och fänkål. Använd en gaffel, dela tonfisken i bitar och rör om för att kombinera alla ingredienser.

Fördela tonfisksalladen jämnt mellan 4 brödskivor. Täck var och en med de återstående brödskivorna. Låt rullarna vila i minst 5 minuter så att den kryddiga fyllningen kan dra åt sig brödet innan servering.

Näring (per 100 g): 347 kalorier 17g Fett 5g Kolhydrater 25g Protein 447mg Natrium

Laxdill wrap

Förberedelsetid: 10 minuter

Tillagningstid: 10 minuter

Portioner: 6

Svårighetsgrad: lätt

Ingredienser:

- 1 pund laxfiléer, kokta och i flingor
- ½ kopp tärnade morötter
- ½ kopp tärnad selleri
- 3 matskedar hackad färsk dill
- 3 matskedar tärnad rödlök
- 2 matskedar kapris
- 1 och en halv matsked extra virgin olivolja
- 1 matsked mogen balsamvinäger
- ½ tesked nymalen svartpeppar
- ¼ tesked kosher eller havssalt
- 4 helvete wraps eller mjuka fullkornstortillas

Indikationer:

Blanda lax, morötter, selleri, dill, rödlök, kapris, olja, vinäger, peppar och salt. Fördela laxsalladen mellan lokarna. Vik botten av pannkakan, rulla sedan ihop den och servera.

Näring (per 100 g): 336 kalorier 16 g fett 5 g kolhydrater 32 g protein 884 mg natrium

Vit musselkaka

Förberedelsetid: 10 minuter

Tillagningstid: 20 minuter

Portioner: 4

Svårighetsgrad: svårt

Ingredienser:

- 1 pund kyld färsk pizzadeg
- Non-stick matlagningsspray
- 2 msk extra virgin olivolja, delad
- 2 vitlöksklyftor, hackade (ca 1 tsk)
- ½ tesked hackad röd paprika
- 1 (10 oz) burk hela musslor, avrunna
- ¼ kopp torrt vitt vin
- Universalmjöl att strö över
- 1 kopp tärnad mozzarella
- 1 msk pecorino romano eller riven parmesan
- 1 msk hackad färsk platt (italiensk) persilja

Indikationer:

Värm ugnen till 500 ° F. Belägg en stor kantad bakplåt med nonstick-spray.

Hetta upp 1 1/2 msk olja i en stor stekpanna. Tillsätt vitlök och pressad röd paprika och koka i 1 minut, rör om ofta för att förhindra att vitlöken bränns. Tillsätt den reserverade musseljuicen och vinet. Koka upp på hög värme. Sänk värmen till medel för att sjuda såsen och koka i 10 minuter, rör om då och då. Såsen kommer att koka och tjockna.

Tillsätt musslorna och koka i 3 minuter, rör om då och då. Medan såsen kokar, på en lätt mjölad yta, rulla eller sträck med händerna för att bilda en 12-tums cirkel eller 10-x-12-tums rektangel. Lägg degen på den förberedda brickan. Pensla degen med resterande 1/2 msk olja. Ställ åt sidan tills musselsåsen är klar.

Fördela musselsåsen över den beredda degen till inom ½ tum från kanten. Toppa med mozzarella och strö sedan över pecorino romano.

Grädda i 10 minuter. Ta ut pizzan från ugnen och lägg den på en skärbräda av trä. Lägg persilja ovanpå, skär i åtta bitar med en pizzaskärare eller vass kniv och servera.

Näring (per 100 g):541 kalorier 21g Fett 1g Kolhydrater 32g Protein 688mg Natrium

Bakad bönor fiskmjöl

Förberedelsetid: 10 minuter

Tillagningstid: 10 minuter

Portioner: 4

Svårighetsgrad: lätt

Ingredienser:

- 1 matsked balsamvinäger
- 2 1/2 dl gröna bönor
- 1 pint körsbärstomater eller körsbärstomater
- 4 (4 uns vardera) fiskfiléer, som torsk eller tilapia
- 2 matskedar olivolja

Indikationer:

Värm ugnen till 400 grader. Smörj två plåtar med lite olivolja eller spraya med olivolja. Ordna 2 fiskfiléer på varje tallrik. Häll olivolja och vinäger i en skål. Kombinera för att blanda väl.

Blanda i haricots verts och tomater. Kombinera för att blanda väl. Kombinera dessa två blandningar väl. Tillsätt blandningen jämnt över fiskfiléerna. Koka i 6 till 8 minuter tills fisken är ogenomskinlig och lätt flagnar. Servera varm.

Näring (per 100 g): 229 kalorier 13 g fett 8 g kolhydrater 2,5 g protein 559 mg natrium

Torsksvampgulasch

Förberedelsetid: 10 minuter

Tillagningstid: 20 minuter

Portioner: 6

Svårighetsgrad: lätt

Ingredienser:

- 2 matskedar extra virgin olivolja
- 2 vitlöksklyftor, hackade
- 1 burk tomater
- 2 dl hackad lök
- ¾ tesked rökt paprika
- 12-ounce burk rostad röd paprika
- 1/3 kopp torrt rött vin
- ¼ tesked kosher eller havssalt
- ¼ tesked svartpeppar
- 1 kopp svarta oliver
- 1 1/2 pund torskfiléer, skurna i 1-tums bitar
- 3 koppar skivade svampar

Indikationer:

Ta en medelstor gryta, värm oljan på medelvärme. Tillsätt löken och fräs i pannan i 4 minuter. Tillsätt vitlök och rökt paprika; koka i 1 minut, rör om ofta. Tillsätt tomater med juice, rostad paprika, oliver, vin, peppar och salt; blanda försiktigt. Koka upp blandningen. Tillsätt torsk och svamp; minska värmen till medium. Täck över och koka tills torsken lätt flagnar, rör om emellan. Servera varm.

Näring (per 100 g): 238 kalorier 7 g Fett 15 g Kolhydrater 3,5 g Protein 772 mg Natrium

Kryddig svärdfisk

Förberedelsetid: 10 minuter

Tillagningstid: 15 minuter

Portioner: 4

Svårighetsgrad: medel

Ingredienser:

- 4 svärdfiskbiffar (7 uns vardera)
- 1/2 tsk mald svartpeppar
- 12 skalade vitloksklyftor
- 3/4 tesked salt
- 1 1/2 tsk mald spiskummin
- 1 tsk paprika
- 1 tsk koriander
- 3 matskedar citronsaft
- 1/3 kopp olivolja

Indikationer:

Ta en mixer eller matberedare, öppna locket och tillsätt alla ingredienser utom svärdfisken. Stäng locket och blanda för att få en homogen blandning. Torra fiskbiffar; fördela jämnt med den beredda kryddblandningen.

Lägg dem i aluminiumfolien, täck över och ställ i kylen i 1 timme. Förvärm en grillpanna till hög värme, tillsätt olja och värm upp.

Lägg till fiskbiffar; Stek i pannan i 5-6 minuter på varje sida tills den är genomstekt och jämnt brynt. Servera varm.

Näring (per 100 g): 255 kalorier 12 g Fett 4 g Kolhydrater 0,5 g Protein 990 mg Natrium

Pasta mani med ansjovis

Förberedelsetid: 10 minuter

Tillagningstid: 20 minuter

Portioner: 4

Svårighetsgrad: lätt

Ingredienser:

- 4 ansjovisfiléer, inslagna i olivolja
- ½ pund broccoli, skuren i 1-tums buketter
- 2 vitlöksklyftor, skivade
- 1 lb. Helvete penne
- 2 matskedar olivolja
- ¼ kopp riven parmesanost
- Salt och svartpeppar, efter smak
- Rödpepparflingor efter smak

Indikationer:

Koka pasta enligt anvisningarna på förpackningen; låt rinna av dem och ställ dem åt sidan. Ta en medelstor panna eller panna, tillsätt olja. Värm över medelvärme. Tillsätt ansjovis, broccoli och vitlök och koka tills grönsakerna är mjuka, 4-5 minuter. Avlägsna från värme; knåda degen. Servera varm med parmesanost, rödpepparflingor, salt och svartpeppar strös ovanpå.

Näring (per 100 g): 328 kalorier 8 g fett 35 g kolhydrater 7 g protein 834 mg natrium

Vitlök räkor pasta

Förberedelsetid: 10 minuter

Tillagningstid: 15 minuter

Portioner: 4

Svårighetsgrad: lätt

Ingredienser:

- 1 pund räkor, skalade och deveirade
- 3 vitlöksklyftor, hackade
- 1 finhackad lök
- 1 paket fullkornspasta eller valfria bönor
- 4 matskedar olivolja
- Salt och svartpeppar, efter smak
- ¼ kopp basilika, skuren i strimlor
- ¾ kopp lågnatrium kycklingbuljong

Indikationer:

Koka pasta enligt anvisningarna på förpackningen; skölj och ställ åt sidan. Ta en medelstor panna, tillsätt olja och värm på medelvärme. Tillsätt lök, vitlök och stek under ständig omrörning tills det är genomskinligt och doftande, 3 minuter.

Tillsätt räkor, svartpeppar (malen) och salt; Koka i pannan i 3 minuter tills räkorna är ogenomskinliga. Tillsätt buljongen och låt sjuda i ytterligare 2-3 minuter. Lägg pasta till serveringsfat; lägg över räkblandningen; servera varm med basilika på toppen.

Näring (per 100 g): 605 kalorier 17 g Fett 53 g Kolhydrater 19 g Protein 723 mg Natrium

Lax med honung och balsamvinäger

Förberedelsetid: 10 minuter

Tillagningstid: Fem minuter

Portioner: 4

Svårighetsgrad: lätt

Ingredienser:

- 4 (8 oz.) laxfiléer
- 1/2 kopp balsamvinäger
- 1 matsked honung
- Svartpeppar och salt efter smak
- 1 matsked olivolja

Indikationer:

Blanda honung och vinäger. Kombinera för att blanda väl.

Krydda fiskfilén med svartpeppar (malen) och havssalt; bred med honungsglasyr. Ta en medelstor panna eller panna, tillsätt olja. Värm över medelvärme. Tillsätt laxfiléerna och stek tills de är sällsynta och lättbruna i mitten, 3 till 4 minuter per sida. Servera varm.

Näring (per 100 g): 481 kalorier 16g Fett 24g Kolhydrater 1,5g Protein 673mg Natrium

Apelsin fiskmjöl

Förberedelsetid: 10 minuter

Tillagningstid: Fem minuter

Portioner: 4

Svårighetsgrad: lätt

Ingredienser:

- ¼ tesked kosher eller havssalt
- 1 msk extra virgin olivolja
- 1 matsked apelsinjuice
- 4 (4-ounce) tilapiafiléer, skalade eller utan skinn
- ¼ kopp hackad rödlök
- 1 avokado, urkärnad, skalad och skivad

Indikationer:

Ta en 9-tums bakpanna; tillsätt olivolja, apelsinjuice och salt. Kombinera väl. Lägg i fiskfiléerna och täck väl. Tillsätt lök i fiskfilén. Täck med genomskinlig folie. Mikrovågsugn i 3 minuter tills fisken är genomstekt och lätt flagnar. Servera varm med skivad avokado på toppen.

Näring (per 100 g): 231 kalorier 9g Fett 8g Kolhydrater 2,5g Protein 536mg Protein

Zoodles med räkor

Förberedelsetid: 10 minuter

Tillagningstid: Fem minuter

Portioner: 2

Svårighetsgrad: lätt

Ingredienser:

- 2 skedar hackad persilja
- 2 tsk finhackad vitlök
- 1 tesked salt
- ½ tesked svartpeppar
- 2 medelstora zucchini, rullade
- 3/4 lb. medelstora räkor, skalade och deveirade
- 1 matsked olivolja
- 1 citron, pressad och riven

Indikationer:

Ta en medelstor panna eller panna, tillsätt olja, citronsaft, citronskal. Värm över medelvärme. Tillsätt räkorna och stek i 1 minut på varje sida. Fräs vitlök och röd paprikaflingor i ytterligare 1 minut. Lägg till Zoodles och släng försiktigt; koka i 3 minuter tills den är kokt till belåtenhet. Krydda väl, servera varm med persilja.

Näring (per 100 g): 329 kalorier 12 g fett 11 g kolhydrater 3 g protein 734 mg natrium

Öring med sparris

Förberedelsetid: 10 minuter

Tillagningstid: 20 minuter

Portioner: 4

Svårighetsgrad: lätt

Ingredienser:

- 2 pund öringfiléer
- 1 pund sparris
- Salta och mald vitpeppar efter smak
- 1 matsked olivolja
- 1 vitlöksklyfta, finhackad
- 1 tunt skivad schalottenlök (grön och vit del)
- 4 medelstora gyllene potatisar skurna i tunna skivor
- 2 romska tomater, hackade
- 8 urkärnade kalamataoliver, hackade
- 1 stor morot, tunt skivad
- 2 matskedar torkad persilja
- ¼ kopp mald spiskummin
- 2 matskedar paprika
- 1 sked peppar till grönsaksbuljong
- ½ glas torrt vitt vin

Indikationer:

Tillsätt fiskfiléerna, vitpeppar och salt i skålen. Kombinera för att blanda väl. Ta en medelstor panna eller panna, tillsätt olja. Värm över medelvärme. Tillsätt sparris, potatis, vitlök, schalottenlök och koka i pannan tills de är mjuka, 4-5 minuter. Tillsätt tomater, morötter och oliver; Koka i en panna i 6-7 minuter tills de är mjuka. Tillsätt spiskummin, paprika, persilja, buljong och salt. Blanda blandningen väl.

Blanda vitt vin och fiskfilé. Täck över och låt sjuda på svag värme i ca 6 minuter, tills fisken lätt faller isär, rör om emellan. Servera varm med salladslök på toppen.

Näring (per 100 g): 303 kalorier 17g Fett 37g Kolhydrater 6g Protein 722mg Natrium

Grönkål oliv tonfisk

Förberedelsetid: 10 minuter

Tillagningstid: 15 minuter

Portioner: 6

Svårighetsgrad: medel

Ingredienser:

- 1 dl hackad lök
- 3 vitlöksklyftor, hackade
- 1 (2,25 oz) burk hackade oliver, avrunna
- 1 lb. collard greener, strimlad
- 3 matskedar extra virgin olivolja
- ¼ kopp kapris
- ¼ tesked hackad röd paprika
- 2 teskedar socker
- 1 (15 oz) burk cannellinibönor
- 2 (6-ounce) burkar tonfisk i olivolja, inte dränerad
- ¼ tesked svartpeppar
- ¼ tesked kosher eller havssalt

Indikationer:

Sänk grönkålen i kokande vatten i 2 minuter; låt rinna av dem och ställ dem åt sidan. Ta en medelstor till stor fondgryta eller kastrull, värm oljan på medelvärme. Tillsätt löken och stek i pannan tills den är genomskinlig och mjuk. Tillsätt vitlöken och koka i pannan tills den doftar, 1 minut.

Tillsätt oliver, kapris och chili och koka i pannan i 1 minut. Blanda grönkålen och sockret. Täck över låg värme och sjud blandningen i ca 8-10 minuter, rör om emellan. Tillsätt tonfisk, bönor, peppar och salt. Blanda väl och servera varm.

Näring (per 100 g): 242 kalorier 11g Fett 24g Kolhydrater 7g Protein 682mg Natrium

Kryddig rosmarinräka

Förberedelsetid: 10 minuter

Tillagningstid: 10 minuter

Portioner: 6

Svårighetsgrad: lätt

Ingredienser:

- 1 stor apelsin, riven och skalad
- 3 vitlöksklyftor, hackade
- 1 1/2 pounds råa räkor, skal och svansar bort
- 3 matskedar olivolja
- 1 matsked hackad timjan
- 1 matsked hackad rosmarin
- ¼ tesked svartpeppar
- ¼ tesked kosher eller havssalt

Indikationer:

Ta en plastpåse med ziplock, tillsätt apelsinskal, räkor, 2 msk olivolja, vitlök, timjan, rosmarin, salt och svartpeppar. Skaka väl och låt marinera i 5 minuter.

Ta en medelstor panna eller stekpanna, tillsätt 1 matsked olivolja. Värm över medelvärme. Tillsätt räkorna och stek i pannan i 2-3 minuter på varje sida tills de är helt rosa och ogenomskinliga. Skär apelsinen i stora klyftor och lägg dem i en serveringsskål. Tillsätt räkorna och blanda väl. Servera färsk.

Näring (per 100 g): 187 kalorier 7g Fett 6g Kolhydrater 0,5g Protein 673mg Natrium

Lax med sparris

Förberedelsetid: 10 minuter

Tillagningstid: 15 minuter

Portioner: 2

Svårighetsgrad: lätt

Ingredienser:

- 8,8 oz klasar sparris
- 2 små laxfiléer
- 1 1/2 tsk salt
- 1 tsk svartpeppar
- 1 matsked olivolja
- 1 kopp lågkolhydrat hollandaisesås

Indikationer:

Krydda laxfiléerna väl. Ta en medelstor panna eller panna, tillsätt olja. Värm över medelvärme.

Tillsätt laxfiléerna och stek i pannan tills de fått färg och genomstekt, 4 till 5 minuter per sida. Tillsätt sparrisen och koka i ytterligare 4-5 minuter. Servera varm med hollandaisesås på toppen.

Näring (per 100 g): 565 kalorier 7g Fett 8g Kolhydrater 2,5g Protein 559mg Natrium

Tonfisk hasselnötssallad

Förberedelsetid: 10 minuter

Tillagningstid: 0 minuter

Portioner: 4

Svårighetsgrad: lätt

Ingredienser:

- 1 matsked hackad dragon
- 1 stjälk selleri, skalad och tärnad
- 1 medelstor schalottenlök, tärnad
- 3 skedar hackad gräslök
- 1 (5-ounce) burk tonfisk (inslagen i olivolja), avrunnen och skalad
- 1 tsk dijonsenap
- 2-3 matskedar majonnäs
- 1/4 tesked salt
- 1/8 tsk paprika
- 1/4 kopp pinjenötter, rostade

Indikationer:

Tillsätt tonfisk, schalottenlök, gräslök, dragon och selleri i en stor salladsskål. Kombinera för att blanda väl. Tillsätt majonnäs, senap, salt och svartpeppar i skålen. Kombinera för att blanda väl. Lägg majonnäsblandningen till salladsskålen; blanda väl för att kombinera. Tillsätt pinjenötterna och blanda igen. Servera färsk.

Näring (per 100 g): 236 kalorier 14 g Fett 4 g Kolhydrater 1 g Protein 593 mg natrium

Krämig räksoppa

Förberedelsetid: 10 minuter
Tillagningstid: 35 minuter
Portioner: 6
Svårighetsgrad: medel

Ingredienser:

- 1 pund medelstora räkor, skalade och deveirade
- 1 purjolök, antingen vit eller ljusgrön, skivad
- 1 medelstor fänkål, hackad
- 2 matskedar olivolja
- 3 stjälkar selleri, hackade
- 1 vitlöksklyfta, hackad
- Havssalt och mald peppar efter smak
- 4 dl grönsaks- eller kycklingbuljong
- 1 matsked fänkålsfrön
- 2 matskedar lätt grädde
- Saften av 1 citron

Indikationer:

Ta en medelstor kastrull eller holländsk ugn, värm oljan på medelvärme. Tillsätt selleri, purjolök och fänkål och koka i pannan i ca 15 minuter, tills grönsakerna är mjuka och bruna. Tillsätt vitlök; smaka av med svartpeppar och havssalt. Tillsätt fänkålsfröna och blanda.

Häll över buljongen och låt koka upp. Sjud blandningen på låg värme i cirka 20 minuter under omrörning. Tillsätt räkor och koka tills de är rosa, 3 minuter. Rör ner grädde och citronsaft; servera varm.

Näring (per 100 g): 174 kalorier 5 g Fett 9,5 g Kolhydrater 2 g Protein 539 mg natrium

Kryddad lax med quinoa grönsaker

Förberedelsetid: 30 minuter

Tillagningstid: 10 minuter

Portioner: 4

Svårighetsgrad: svårt

Ingredienser:

- 1 kopp rå quinoa
- 1 tsk salt, delat på mitten
- ¾ kopp kärnfria gurkor, tärnade
- 1 dl körsbärstomater, halverade
- ¼ kopp rödlök, hackad
- 4 blad färsk basilika, skurna i tunna skivor
- Citronskal
- ¼ tesked svartpeppar
- 1 tsk spiskummin
- ½ tsk paprika
- 4 (5 oz.) laxfiléer
- 8 citronklyftor
- ¼ kopp hackad färsk persilja

Indikationer:

Tillsätt quinoa, 2 dl vatten och 1/2 tsk salt i en medelstor kastrull. Värm dem tills vattnet kokar, sänk sedan värmen tills det kokar. Täck pannan och låt koka i 20 minuter eller så länge som quinoapaketet kräver. Stäng av värmen under quinoan och låt den vila övertäckt i minst 5 minuter till innan servering.

Precis innan servering, tillsätt lök, tomat, gurka, basilikablad och citronskal till quinoan och blanda försiktigt ihop allt med en sked. Förbered laxen under tiden (medan quinoan kokar). Vrid ugnsgallret till högt och se till att gallret är i botten av ugnen. Tillsätt följande ingredienser i en liten skål: svartpeppar, ½ tsk salt, spiskummin och paprika. Blanda ihop dem.

Placera aluminiumfolie över en bakpanna av glas eller aluminium och spraya den sedan med nonstick-spray. Lägg laxfiléerna på folie. Gnid in kryddblandningen i varje klick (ca 1/2 tsk av kryddblandningen per klick). Lägg citronklyftorna på sidorna av pannan bredvid laxen.

Koka laxen under broilern i 8-10 minuter. Ditt mål är att laxen lätt ska flagna med en gaffel. Strö över laxen med persilja, servera sedan med citronklyftor och grönsakspersilja. Ha de så bra!

Näring (per 100 g): 385 kalorier 12,5 g fett 32,5 g kolhydrater 35,5 g protein 679 mg natrium

Senapsöring med äpplen

Förberedelsetid: 15 minuter

Tillagningstid: 55 minuter

Portioner: 2

Svårighetsgrad: svårt

Ingredienser:

- 1 matsked olivolja
- 1 liten schalottenlök, finhackad
- 2 Lady äpplen, halverade
- 4 öringfiléer, vardera 3 oz
- 1 1/2 matsked ströbröd, vanligt och fint
- 1/2 tsk timjan, färsk och hackad
- 1/2 sked smör, smält och osaltat
- 1/2 kopp äppelcider
- 1 tesked ljust farinsocker
- 1/2 tsk dijonsenap
- 1/2 sked kapris, sköljd
- Havssalt och svartpeppar efter smak

Indikationer:

Värm ugnen till 375 grader, ta sedan ut en liten skål. Blanda ströbröd, schalottenlök och timjan innan du smakar av med salt och peppar.

Tillsätt smöret och blanda väl.

Lägg äpplena med skurna sidan uppåt i en ugnsform och strö över socker. Garnera med ströbröd och häll sedan hälften av cidern runt äpplena och täck plattan. Grädda i en halvtimme.

Avtäck och grädda i ytterligare tjugo minuter. Äpplena ska vara mjuka, men dina smulor ska vara knapriga. Ta ut äpplena från ugnen.

Tänd grillen och ställ sedan grillen fyra tum från varandra. Klappa öringen och smaka sedan av med salt och peppar. Pensla oljan på en plåt och lägg sedan öringen med skinnsidan uppåt. Applicera den återstående oljan på huden och grilla i sex minuter. Upprepa för äpplena på hyllan strax under öringen. Detta kommer att förhindra att smulorna bränns, och det tar bara två minuter att värma upp dem.

Ta pannan och vispa resterande cider, kapris och senap. Om det behövs, tillsätt mer cider till tunna och koka i fem minuter på medelhög värme. Den ska ha en såsliknande konsistens. Häll såsen över fisken och servera med ett äpple på varje tallrik.

Näring (per 100 g): 366 kalorier 13g Fett 10g Kolhydrater 31g Protein 559mg Natrium

Gnocchi med räkor

Förberedelsetid: 5 minuter
Tillagningstid: 15 minuter
Portioner: 4
Svårighetsgrad: svårt

Ingredienser:

- 1/2 pund räkor, skalade och putsade
- 1/4 kopp schalottenlök, skivad
- 1/2 tsk + 1 tsk olivolja
- 8 uns av hylla dumplings
- Skär 1/2 knippe sparris i tredjedelar
- 3 matskedar parmesanost
- 1 matsked citronsaft, färsk
- 1/3 kopp kycklingbuljong
- Havssalt och svartpeppar efter smak

Indikationer:

Börja med att värma en halv matsked olja på medelvärme, tillsätt sedan dumplings. Koka, rör om ofta, tills den är fyllig och gyllenbrun. Det kommer att ta sju till tio minuter. Lägg dem i en skål.

Hetta upp den återstående teskeden olja med schalottenlöken och koka tills de börjar få färg. Var noga med att röra, men det tar två minuter. Rör om buljongen innan du tillsätter sparrisen. Täck över och koka i tre till fyra minuter.

Tillsätt räkorna, krydda med salt och peppar. Koka tills den är rosa och kokande, vilket tar cirka fyra minuter.

Lägg tillbaka gnocchin i pannan med citronsaften och koka i ytterligare två minuter. Blanda väl och ta sedan bort från värmen.

Strö över parmesanost och låt stå i två minuter. Din ost ska smälta. Servera varm.

Näring (per 100 g): 342 kalorier 11g Fett 9g Kolhydrater 38g Protein 711mg Natrium

Saganaki räkor

Förberedelsetid: 15 minuter

Tillagningstid: 30 minuter

Portioner: 2

Svårighetsgrad: medel

Ingredienser:

- 1/2 pund räkor med skal på
- 1 liten lök, hackad
- 1/2 glas vitt vin
- 1 sked persilja, färsk och hackad
- 8 uns tomater, konserverade och tärnade
- 3 matskedar olivolja
- 4 oz fetaost
- Salta i kuber
- En nypa svartpeppar
- 14 teskedar vitlökspulver

Indikationer:

Ta en kastrull och häll sedan i cirka två centimeter vatten och låt det koka upp. Koka i fem minuter, låt sedan rinna av men låt vätskan stå kvar. Ställ räkorna och vätskan åt sidan.

Värm sedan två matskedar olja och efter uppvärmning tillsätt löken. Koka tills löken är genomskinlig. Blanda persilja, vitlök, vin, olivolja och tomater. Koka i en halvtimme och rör om tills det tjocknat.

Ta bort räkbenen, separera skalen, huvudet och svansen. När såsen har tjocknat, tillsätt räkor och räkfond. Koka upp i fem minuter och tillsätt sedan fetaosten. Låt stå tills osten börjar smälta, servera sedan varm.

Näring (per 100 g): 329 kalorier 14 g fett 10 g kolhydrater 31 g protein 449 mg natrium

Medelhavslax

Förberedelsetid: 10 minuter

Tillagningstid: 20 minuter

Portioner: 2

Svårighetsgrad: lätt

Ingredienser:

- 2 laxfiléer, utan skinn och 6 oz vardera
- 1 kopp körsbärstomater
- 1 matsked kapris
- 1/4 kopp zucchini, finhackad
- 1/8 tsk svartpeppar
- 1/8 tsk havssalt, fint
- 1/2 sked olivolja
- 1,25 uns mogna oliver, skivade

Indikationer:

Värm ugnen till 425 grader, strö sedan över fisken med salt och peppar på båda sidor. Efter att ha täckt pannan med matlagningsspray, lägg fisken i ett enda lager på bakplåten.

Kombinera tomaterna och övriga ingredienser, häll blandningen över filén och grädda i tjugotvå minuter. Servera varm.

Näring (per 100 g): 322 kalorier 10 g fett 15 g kolhydrater 31 g protein 493 mg natrium

Linguine med skaldjur

Förberedelsetid: 10 minuter

Tillagningstid: 35 minuter

Portioner: 2

Svårighetsgrad: svårt

Ingredienser:

- 2 vitlöksklyftor, hackade
- 4 uns Linguine, fullkorn
- 1 matsked olivolja
- 14 uns tomater, konserverade och tärnade
- 1/2 sked schalottenlök, finhackad
- 1/4 kopp vitt vin
- Havssalt och svartpeppar efter smak
- 6 körsbärsskal, rengjorda
- 4 uns tilapia, skuren i 1-tums remsor
- 4 uns torkade havsmusslor
- 1/8 kopp parmesanost, riven
- 1/2 tsk mejram, hackad och färsk

Indikationer:

Koka upp vatten i en kastrull och koka sedan pastan mjuk, vilket bör ta cirka åtta minuter. Häll av och skölj sedan pastan.

Hetta upp oljan i en stor stekpanna på medelvärme och när oljan är varm, tillsätt vitlök och schalottenlök. Koka i en minut, rör ofta.

Öka värmen till medelhög och låt koka upp innan du tillsätter salt, vin, peppar och tomater. Koka i en minut till.

Tillsätt sedan musslorna, täck över och koka i ytterligare två minuter.

Tillsätt sedan mejram, musslor och fisk. Fortsätt tillaga tills fisken är helt genomstekt och musslorna öppnas, detta tar upp till fem minuter, kassera eventuella musslor som inte öppnar sig.

Häll såsen och musslorna över pastan, strö över parmesan och mejram innan servering. Servera varm.

Näring (per 100 g): 329 kalorier 12 g fett 10 g kolhydrater 33 g protein 836 mg natrium

Ingefära räkor och tomatsås

Förberedelsetid: 10 minuter

Tillagningstid: 15 minuter

Portioner: 2

Svårighetsgrad: svårt

Ingredienser:

- 1 och en halv matsked vegetabilisk olja
- 1 vitlöksklyfta, hackad
- 10 räkor, extra stora, skalade och svansar på
- 3/4 sked finger, riven och skalad
- 1 grön tomat, halverad
- 2 plommontomater, halverade
- 1 msk limejuice, färsk
- 1/2 tsk socker
- 1/2 msk fröade jalapeños, färska och malda
- 1/2 sked basilika, färsk och hackad
- 1/2 tsk koriander, hackad och färsk
- 10 spett
- Havssalt och svartpeppar efter smak

Indikationer:

Blötlägg spetten i en kastrull med vatten i minst en halvtimme.

Blanda vitlöken och ingefäran i en skål, överför hälften till en större skål och blanda med två matskedar av din olja. Tillsätt räkorna och se till att de är väl belagda.

Täck över och ställ in i kylen i minst en halvtimme, låt sedan svalna.

Värm grillen till max och täck gallren lätt med olja. Ta en skål och blanda plommon och gröna tomater med resterande matsked olja, smaka av med salt och peppar.

Grilla tomaterna med snittsidan uppåt och skalet ska vara förkolnat. Köttet på dina tomater ska vara mjukt, vilket tar fyra till sex minuter för plommontomater och cirka tio minuter för gröna tomater.

När tomaterna är tillräckligt svala, ta bort skalet och kassera fröna. Finhacka köttet av tomaterna och lägg till den reserverade ingefäran och vitlöken. Tillsätt socker, jalapeño, limejuice och basilika.

Krydda räkorna med salt och peppar genom att trä dem på spetten och grilla dem sedan tills de är ogenomskinliga, cirka två minuter per sida. Lägg räkorna på tallriken efter smak och njut.

Näring (per 100 g): 391 kalorier 13g Fett 11g Kolhydrater 34g Protein 693mg Natrium

Räkpasta

Förberedelsetid: 10 minuter

Tillagningstid: 10 minuter

Portioner: 2

Svårighetsgrad: medel

Ingredienser:

- 2 koppar kokt änglahårspasta
- 1/2 lb. Medelstora räkor, skalade
- 1 vitlöksklyfta, hackad
- 1 dl tomater, hackade
- 1 tsk olivolja
- 1/6 kopp Kalamata-oliver, urkärnade och hackade
- 1/8 kopp basilika, färsk och tunt skivad
- 1 msk kapris, avrunnen
- 1/8 kopp fetaost, smulad
- En nypa svartpeppar

Indikationer:

Koka pastan enligt anvisningarna på förpackningen och värm sedan olivolja i en stekpanna på medelhög värme. Koka vitlöken i en halv minut och tillsätt sedan räkorna. Sjud i en minut till.

Tillsätt basilika och tomater och sänk sedan värmen för att sjuda i tre minuter. Din tomat ska vara mjuk.

Tillsätt oliver och kapris. Tillsätt en nypa svartpeppar och kombinera räkor- och pastablandningen för att servera. Strö över ost innan servering.

Näring (per 100 g): 357 kalorier 11g Fett 9g Kolhydrater 30g Protein 871mg Natrium

Medelhavstorsk

Förberedelsetid: 10 minuter

Tillagningstid: 25 minuter

Portioner: 2

Svårighetsgrad: medel

Ingredienser:

- 2 torskfiléer, 6 oz
- Havssalt och svartpeppar efter smak
- 1/4 kopp torrt vitt vin
- 1/4 dl fiskfond
- 2 vitlöksklyftor, hackade
- 1 lagerblad
- 1/2 tsk salvia, färsk och hackad
- 2 kvistar rosmarin till dekoration

Indikationer:

Börja med att förvärma ugnen till 375°C, krydda sedan filéerna med salt och peppar. Lägg dem i en kastrull och tillsätt fond, vitlök, vin, salvia och lagerblad. Täck ordentligt och grädda i tjugo minuter. Din fisk ska vara flagnig när den testas med en gaffel.

Ta bort varje filé med en spatel, lägg vätskan på hög värme och reducera till hälften. Det ska ta tio minuter och du måste röra om ofta. Servera avrunnen i kokande vätska och garnerad med en kvist rosmarin.

Näring (per 100 g): 361 kalorier 10 g fett 9 g kolhydrater 34 g protein 783 mg natrium

Musslor i vitt vin

Förberedelsetid: 5 minuter

Tillagningstid: 10 minuter

Portioner: 2

Svårighetsgrad: svårt

Ingredienser:

- 2 pund. Levande musslor, färska
- 1 glas torrt vitt vin
- 1/4 tsk havssalt, fint
- 3 vitlöksklyftor, hackade
- 2 tsk tärnad schalottenlök
- 1/4 kopp persilja, färsk och hackad, delad
- 2 matskedar olivolja
- 1/4 citron, pressad

Indikationer:

Ta ett durkslag och skrubba musslorna och skölj dem med kallt vatten. Öppna alla musslor som inte stängs när de knackar på dem, använd sedan en kniv för att ta bort morrhåren från var och en.

Ta bort grytan, ställ in den på medelhög värme och tillsätt vitlök, schalottenlök, vin och persilja. Koka upp. Tillsätt musslorna medan det sjuder och täck. Låt dem puttra i fem till sju minuter. Se till att de inte överkokar.

Ta bort dem med en hålslev och tillsätt citronsaft och olivolja i grytan. Blanda väl och häll buljong över musslorna innan servering med persilja.

Näring (per 100 g): 345 kalorier 9g Fett 18g Kolhydrater 37g Protein 693mg Natrium

Dilly lax

Förberedelsetid: 10 minuter

Tillagningstid: 15 minuter

Portioner: 2

Svårighetsgrad: medel

Ingredienser:

- 2 laxfiléer, vardera 6 oz
- 1 matsked olivolja
- 1/2 mandarin, saftad
- 2 tsk apelsinskal
- 2 skedar dill, färsk och hackad
- Havssalt och svartpeppar efter smak

Indikationer:

Värm ugnen till 375 grader, ta sedan ut två tio tums bitar av aluminiumfolie. Innan du kryddar med salt och peppar, gnid in filéerna på båda sidor med olivolja och lägg varje filé i folie.

Häll apelsinjuicen över varje, tillsätt sedan apelsinskal och dill. Vik paketet stängt, se till att det finns en 2-tums luftspalt i folien så att fisken kan ånga, lägg den sedan på en bakplåt.

Innan du öppnar förpackningarna, grädda i en kvart och överför till två serveringsfat. Häll såsen över var och en före servering.

Näring (per 100 g): 366 kalorier 14 g fett 9 g kolhydrater 36 g protein 689 mg natrium

Medelhavslax

Förberedelsetid: 8 minuter

Tillagningstid: 8 minuter

Portioner: 2

Svårighetsgrad: lätt

Ingredienser:

- Lax, 6 oz filé
- Citron, 2 skivor
- Kapris, 1 matsked
- Havssalt och peppar, 1/8 tsk
- Extra virgin olivolja, 1 matsked

Indikationer:

Placera en ren panna på medelvärme för att koka i 3 minuter. Lägg olivolja på en tallrik och täck laxen helt. Stek laxen i en panna på hög temperatur.

Häll resten av ingredienserna över laxen och vänd på alla sidor. Lägg märke till när båda sidorna är bruna. Detta kan ta 3-5 minuter på varje sida. Kontrollera om laxen är tillagad genom att testa den med en gaffel.

Servera med citronskivor.

Näring (per 100 g): 371 kalorier 25,1 g fett 0,9 g kolhydrater 33,7 g protein 782 mg natrium

Tonfisklåt

Förberedelsetid: 20 minuter

Tillagningstid: 20 minuter

Portioner: 2

Svårighetsgrad: lätt

Ingredienser:

- Tonfisk, 12 oz
- Salladslök, 1st för dekoration
- Sötpeppar, ¼, hackad
- Vinäger, 1 streck
- Salta och peppra efter smak
- Avokado, 1, halverad och urkärnad
- Grekisk yoghurt, 2 msk

Indikationer:

Blanda tonfisk med vinäger, lök, yoghurt, avokado och peppar i en skål.

Tillsätt kryddor, blanda och servera med salladslök.

Näring (per 100 g): 294 kalorier 19g Fett 10g Kolhydrater 12g Protein 836mg Natrium

Smakfulla biffar

Förberedelsetid: 10 minuter

Tillagningstid: 20 minuter

Portioner: 2

Svårighetsgrad: lätt

Ingredienser:

- Olivolja, 1 tsk
- Hälleflundra biff, 8 oz
- Vitlök, ½ tesked, finhackad
- Smör, 1 matsked
- Salta och peppra efter smak

Indikationer:

Hetta upp en panna och tillsätt olja. Stek biffar i en panna på medelvärme, smält smör med vitlök, salt och peppar. Lägg till biffar, blanda till pälsen och servera.

Näring (per 100 g): 284 kalorier 17g Fett 0,2g Kolhydrater 8g Protein 755mg Natrium

Ört lax

Förberedelsetid: 8 minuter

Tillagningstid: 18 minuter

Portioner: 2

Svårighetsgrad: lätt

Ingredienser:

- Lax, 2 filéer utan skinn
- Grovt salt efter smak
- Extra virgin olivolja, 1 matsked
- Citron, 1, skuren i skivor
- Färsk rosmarin, 4 kvistar

Indikationer:

Värm ugnen till 400 F. Klä en bakplåt med aluminiumfolie och lägg laxen ovanpå. Fyll laxen med resten av ingredienserna och grädda i 20 minuter. Servera genast med citronklyftor.

Näring (per 100 g): 257 kalorier 18 g fett 2,7 g kolhydrater 7 g protein 836 mg natrium

Glaserad rökt tonfisk

Förberedelsetid: 35 minuter

Tillagningstid: 10 minuter

Portioner: 2

Svårighetsgrad: lätt

Ingredienser:

- Tonfisk, 4 oz biffar
- Apelsinjuice, 1 matsked
- Finhackad vitlök, ½ klyfta
- Citronsaft, ½ tesked
- Färsk persilja, 1 matsked, hackad
- Sojasås, 1 matsked
- Extra virgin olivolja, 1 matsked
- Malen svartpeppar, ¼ tsk
- Oregano, ¼ tsk

Indikationer:

Välj en ugnsform och tillsätt alla ingredienser utom tonfisken. Blanda väl och tillsätt sedan tonfisken i marinaden. Lägg denna blandning i kylskåpet i en halvtimme. Hetta upp grillpannan och stek tonfisken i 5 minuter på varje sida. Servera efter tillagning.

Näring (per 100 g): 200 kalorier 7,9 g Fett 0,3 g Kolhydrater 10 g Protein 734 mg natrium

Krispig hälleflundra

Förberedelsetid: 20 minuter

Tillagningstid: 15 minuter

Portioner: 2

Svårighetsgrad: lätt

Ingredienser:

- Persilja på toppen
- Färsk dill, 2 skedar, hackad
- Färsk gräslök, 2 skedar, hackad
- Olivolja, 1 matsked
- Salta och peppra efter smak
- Hälleflundra, filé, 6 oz
- Citronskal, ½ tesked, fint rivet
- Grekisk yoghurt, 2 msk

Indikationer:

Värm ugnen till 400 F. Klä en bakplåt med aluminiumfolie. Lägg alla ingredienser på en stor tallrik och marinera filéerna. Skölj och torka filéerna; sätt sedan in i ugnen och grädda i 15 minuter.

Näring (per 100 g): 273 kalorier 7,2 g Fett 0,4 g Kolhydrater 9 g Protein 783 mg natrium

Lätt och smakrik tonfisk

Förberedelsetid: 15 minuter

Tillagningstid: 10 minuter

Portioner: 2

Svårighetsgrad: lätt

Ingredienser:

- Ägg, ½
- Lök, 1 matsked, finhackad
- Selleri på toppen
- Salta och peppra efter smak
- Vitlök, 1 kryddnejlika, finhackad
- Konserverad tonfisk, 7 oz
- Grekisk yoghurt, 2 msk

Indikationer:

Låt tonfisken rinna av, tillsätt ägget och yoghurten med vitlök, salt och peppar.

Blanda denna blandning med lök i en skål och forma köttbullar. Ta en stor panna och stek köttbullarna i 3 minuter på varje sida. Låt rinna av och servera.

Näring (per 100 g): 230 kalorier 13g Fett 0,8g Kolhydrater 10g Protein 866mg Natrium

Musslor O' Marina

Förberedelsetid: 20 minuter

Tillagningstid: 10 minuter

Portioner: 2

Svårighetsgrad: lätt

Ingredienser:

- Musslor tvättade och skalade, 1 lb
- Kokosmjölk, ½ kopp
- Cayennepeppar, 1 tsk
- Färsk citronsaft, 1 matsked
- Vitlök, 1 tesked, finhackad
- Koriander, hackad färsk till garnering
- Farinsocker, 1 tsk

Indikationer:

Blanda alla ingredienser utom musslorna i en kastrull. Värm upp blandningen och låt koka upp. Tillsätt musslorna och koka i 10 minuter. Servera i en skål med kokt vätska.

Näring (per 100 g): 483 kalorier 24,4 g fett 21,6 g kolhydrater 1,2 g protein 499 mg natrium

Långsamt tillagad medelhavsstek

Förberedelsetid: 10 minuter

Tillagningstid: 10 timmar och 10 minuter

Portioner: 6

Svårighetsgrad: medel

Ingredienser:

- 3 pund stekt chuck, benfritt
- 2 teskedar rosmarin
- ½ dl tomater, torkade och hackade
- 10 klyftor riven vitlök
- ½ dl nötbuljong
- 2 matskedar balsamvinäger
- ¼ kopp hackad italiensk persilja, färsk
- ¼ kopp hackade oliver
- 1 tsk citronskal
- ¼ kopp keso

Indikationer:

Lägg vitlök, soltorkade tomater och rostbiff i långsamkokaren. Tillsätt nötbuljong och rosmarin. Stäng grytan och koka långsamt i 10 timmar.

Efter tillagning, ta bort och skär köttet. Ta bort fettet. Lägg tillbaka det strimlade nötköttet i långsamkokaren och koka i 10 minuter. Blanda citronskal, persilja och oliver i en liten skål. Kyl blandningen tills den ska serveras. Garnera med den kylda blandningen.

Servera över pasta eller äggnudlar. Strö över ostgryn.

Näring (per 100 g): 314 kalorier 19g Fett 1g Kolhydrater 32g Protein 778mg Natrium

Långsamt kokt medelhavsnötkött med kronärtskockor

Förberedelsetid: 3 timmar och 20 minuter

Tillagningstid: 7 timmar och 8 minuter

Portioner: 6

Svårighetsgrad: lätt

Ingredienser:

- 2 pund nötkött för stuvning
- 14 uns kronärtskocka hjärtan
- 1 matsked druvkärneolja
- 1 tärnad lök
- 32 oz nötbuljong
- 4 vitlöksklyftor, rivna
- 14 ½ uns konserverade tomater, tärnade
- 15 oz tomatsås
- 1 tsk torkad oregano
- ½ kopp urkärnade och hackade oliver
- 1 tsk torkad persilja
- 1 tsk torkad oregano
- ½ tsk malen spiskummin
- 1 tsk torkad basilika
- 1 lagerblad
- ½ tesked salt

Indikationer:

Häll en droppe olja i en stor stekpanna med non-stick och låt medelhög värme. Stek köttet tills det får färg på båda sidor.

Överför nötköttet till långsamkokaren.

Tillsätt nötbuljong, hackade tomater, tomatsås, salt och blanda. Täck med köttbuljong, tärnade tomater, oregano, oliver, basilika, persilja, lagerblad och spiskummin. Blanda blandningen noggrant.

Stäng och låt sjuda i 7 timmar. Kasta lagerbladet vid servering. Servera varm.

Näring (per 100 g): 416 kalorier 5 g fett 14,1 g kolhydrater 29,9 g protein 811 mg natrium

Långsamt tillagad mager stek i medelhavsstil

Förberedelsetid: 30 minuter
Tillagningstid: 8 timmar
Portioner: 10
Svårighetsgrad: svårt

Ingredienser:

- 4 kilo bakat runt öga
- 4 vitlöksklyftor
- 2 teskedar olivolja
- 1 tsk nymalen svartpeppar
- 1 dl hackad lök
- 4 morötter, hackade
- 2 teskedar torkad rosmarin
- 2 stjälkar selleri, hackade
- 28 oz tomatpuré på burk
- 1 kopp lågnatrium nötköttsbuljong
- 1 kopp rött vin
- 2 teskedar salt

Indikationer:

Krydda det rostade köttet med salt, vitlök och peppar och ställ åt sidan. Häll oljan i en non-stick panna och låt medelhög värme. Lägg köttet i det och stek det tills det blir brunt på alla sidor. Överför nu rostbiffen till en 6-quart långkokare. Tillsätt morötter, lök, rosmarin och selleri i pannan. Fortsätt koka tills löken och grönsakerna är mjuka.

Rör ner tomater och vin i denna grönsaksblandning. Tillsätt köttbuljongen och tomatblandningen i långsamkokaren tillsammans med grönsaksblandningen. Stäng och koka på låg värme i 8 timmar.

När köttet är tillagat, ta bort det från långsamkokaren, lägg det på en skärbräda och linda in det i aluminiumfolie. För att tjockna såsen, överför den till en kastrull och koka på låg värme tills den når önskad konsistens. Kasta bort fettet före servering.

Näring (per 100 g): 260 kalorier 6 g fett 8,7 g kolhydrater 37,6 g protein 588 mg natrium

Köttfärslimpa i en långsam spis

Förberedelsetid: 10 minuter

Tillagningstid: 6 timmar och 10 minuter

Portioner: 8

Svårighetsgrad: medel

Ingredienser:

- 2 pund mald bison
- 1 riven zucchini
- 2 stora ägg
- Olivolja i matlagningsspray efter behov
- 1 zucchini, riven
- ½ dl persilja, färsk, finhackad
- ½ kopp parmesanost, riven
- 3 matskedar balsamvinäger
- 4 vitlöksklyftor, rivna
- 2 skedar hackad lök
- 1 matsked torkad oregano
- ½ tesked mald svartpeppar
- ½ tsk kosher salt
- För fyllningen:
- ¼ kopp strimlad mozzarella
- ¼ kopp sockerfri ketchup
- ¼ kopp färsk hackad persilja

Indikationer:

Klä insidan av en sex-liters slow cooker med remsor av aluminiumfolie. Ringla lite non-stick matolja över den.

I en stor skål, kombinera mald bison eller extra mager mald ryggbiff, zucchini, ägg, persilja, balsamvinäger, vitlök, torkad oregano, havs- eller koshersalt, hackad torkad lök och mald svartpeppar.

Placera denna blandning i en långsam spis och forma till en avlång limpa. Täck grytan, sätt den på låg värme och koka i 6 timmar. Efter tillagning öppnar du spisen och täcker köttfärslimpan med ketchup.

Lägg nu osten ovanpå ketchupen som ett nytt lager och stäng långsamkokaren. Låt köttbullen vila på dessa två lager i ca 10 minuter eller tills osten börjar smälta. Garnera med färsk persilja och riven mozzarella.

Näring (per 100 g): 320 kalorier 2g Fett 4g Kolhydrater 26g Protein 681mg Natrium

Slow Cooker Medelhavsnötkött Hoagies

Förberedelsetid: 10 minuter

Tillagningstid: 13 timmar

Portioner: 6

Svårighetsgrad: medel

Ingredienser:

- 3 pund magert nötfärs
- ½ tesked lökpulver
- ½ tesked svartpeppar
- 3 dl nötbuljong med låg natriumhalt
- 4 teskedar salladsdressingblandning
- 1 lagerblad
- 1 sked vitlök, hackad
- 2 röda paprikor skurna i tunna strimlor
- 16 uns chili
- 8 tunna skivor Provolone Sargento
- 2 uns glutenfritt bröd
- ½ tesked salt
- <u>Fram till säsongen:</u>
- 1 1/2 matsked lökpulver
- 1 och en halv matsked vitlökspulver
- 2 matskedar torkad persilja
- 1 matsked stevia
- ½ tesked torkad timjan

- 1 matsked torkad oregano
- 2 matskedar svartpeppar
- 1 matsked salt
- 6 skivor ost

Indikationer:

Torka levern med en pappershandduk. Blanda svartpeppar, lökpulver och salt i en liten skål och gnid blandningen över rostat bröd. Lägg den kryddade steken i långsamkokaren.

Tillsätt fond, salladsdressing, lagerblad och vitlök i långsamkokaren. För ihop det försiktigt. Stäng och låt sjuda i 12 timmar. Efter tillagning, ta bort lagerbladet.

Ta bort det kokta köttet och riv köttet. Lägg tillbaka det strimlade köttet och tillsätt paprikan och. Tillsätt paprikan och chilin i långsamkokaren. Täck spisen och koka på låg värme i 1 timme. Innan servering, pensla varje bröd med 3 uns av köttblandningen. Toppa med en skiva ost. Den flytande såsen kan användas som sås.

Näring (per 100 g): 442 kalorier 11,5 g fett 37 g kolhydrater 49 g protein 735 mg natrium

Medelhavsstek fläsk

Förberedelsetid: 10 minuter

Tillagningstid: 8 timmar och 10 minuter

Portioner: 6

Svårighetsgrad: medel

Ingredienser:

- 2 matskedar olivolja
- 2 pund stekt fläsk
- ½ tsk paprika
- ¾ kopp kycklingbuljong
- 2 teskedar torkad salvia
- ½ sked finhackad vitlök
- ¼ tesked torkad mejram
- ¼ tesked torkad rosmarin
- 1 tsk oregano
- ¼ tesked torkad timjan
- 1 tsk basilika
- ¼ tesked kosher salt

Indikationer:

Blanda buljong, olja, salt och peppar i en liten skål. Häll olivolja i en kastrull och låt det komma till medelhög värme. Tillsätt fläsket och stek tills det är gyllenbrunt på alla sidor.

Efter tillagning, ta bort fläsket och genomborra steken med en kniv. Lägg fläksteken i en 6-liters gryta. Häll nu blandningsvätskan från den lilla skålen över hela steken.

Stäng grytan och koka på låg värme i 8 timmar. Efter tillagning, ta bort den från grytan till en skärbräda och skär den i bitar. Tillsätt sedan det hackade fläsket i grytan. Sjud i ytterligare 10 minuter. Servera med fetaost, pitabröd och tomater.

Näring (per 100 g): 361 kalorier 10,4 g Fett 0,7 g Kolhydrater 43,8 g Protein 980 mg Natrium

Nötkött pizza

Förberedelsetid: 20 minuter

Tillagningstid: 50 minuter

Portioner: 10

Svårighetsgrad: svårt

Ingredienser:

- <u>För skorpan:</u>
- 3 koppar allroundmjöl
- 1 matsked socker
- 2¼ teskedar aktiv torrjäst
- 1 tesked salt
- 2 matskedar olivolja
- 1 kopp varmt vatten
- <u>Att dekorera:</u>
- 1 pund nötfärs
- 1 medelstor lök, hackad
- 2 matskedar tomatpuré
- 1 matsked mald spiskummin
- Salta och mald svartpeppar, efter smak
- ¼ kopp vatten
- 1 dl färsk spenat, hackad
- 8 uns kronärtskockshjärtan, i fjärdedelar
- 4 uns färska svampar, skivade

- 2 tomater, hackade
- 4 uns fetaost, smulad

Indikationer:

För skorpan:

Blanda mjöl, socker, bakpulver och salt med en degkrok med hjälp av en stavmixer. Tillsätt 2 matskedar olja och varmt vatten och knåda tills en smidig och elastisk deg bildas.

Forma degen till en boll och ställ åt sidan i ca 15 minuter.

Lägg degen på ett lätt mjölat bord och rulla till en cirkel. Lägg degen i en smord rund form och tryck försiktigt ner den. Ställ åt sidan i ca 10-15 minuter. Ringla lite olja över skorpan. Värm ugnen till 400 grader F.

Att dekorera:

Stek nötköttet i en non-stick panna på medelhög temperatur i ca 4-5 minuter. Tillsätt löken och fräs i cirka 5 minuter, rör om ofta. Tillsätt tomatpuré, spiskummin, salt, svartpeppar och vatten och rör om.

Sätt värmen på medel och koka i ca 5-10 minuter. Ta bort från värmen och ställ åt sidan. Lägg köttblandningen ovanpå pizzan och toppa med spenaten, sedan kronärtskockor, svamp, tomater och fetaost.

Koka tills osten smält. Ta ut ur ugnen och låt stå i ca 3-5 minuter innan du skär upp. Skär i skivor av önskad storlek och servera.

Näring (per 100 g):309 kalorier 8,7 g fett 3,7 g kolhydrater 3,3 g protein 732 mg natrium

Nötkött och bulgurköttbullar

Förberedelsetid: 20 minuter

Tillagningstid: 28 minuter

Portioner: 6

Svårighetsgrad: medel

Ingredienser:

- ¾ kopp rå bulgur
- 1 pund nötfärs
- ¼ kopp schalottenlök, hackad
- ¼ kopp färsk persilja, hackad
- ½ tsk mald kryddpeppar
- ½ tsk malen spiskummin
- ½ tesked mald kanel
- ¼ tesked röd paprikaflingor, krossade
- Salt, lagom
- 1 matsked olivolja

Indikationer:

Blötlägg bulguren i en stor skål med kallt vatten i cirka 30 minuter. Töm bulguren väl och vrid sedan ur den med händerna för att ta bort överflödigt vatten. I en matberedare, tillsätt bulgur, nötkött, schalottenlök, persilja, peppar, salt och puls tills det blandas.

Lägg blandningen i en skål och ställ den övertäckt i kylen i ca 30 minuter. Ta ut från kylen och forma biffar av samma storlek från nötköttsblandningen. I en stor stekpanna med non-stick värmer du upp oljan på medelhög värme och steker köttbullarna i 2 omgångar i cirka 13-14 minuter, vänd ofta. Servera varm.

Näring (per 100 g): 228 kalorier 7,4 g Fett 0,1 g Kolhydrater 3,5 g Protein 766 mg Natrium

Välsmakande nötkött och broccoli

Förberedelsetid: 10 minuter

Tillagningstid: 15 minuter

Portioner: 4

Svårighetsgrad: lätt

Ingredienser:

- 1 och 1/2 pund. plankstek
- 1 matsked. olivolja
- 1 matsked. tamari sås
- 1 kopp nötbuljong
- 1 pund broccoli, buketter separerade

Indikationer:

Kombinera biffstrimlorna med olja och tamari, blanda och ställ åt sidan i 10 minuter. Välj läget Instant Pot för wokning, lägg nötköttsremsorna och stek i 4 minuter på varje sida. Rör ner buljongen, täck grytan igen och koka på hög värme i 8 minuter. Rör ner broccolin, täck över och koka på hög värme i ytterligare 4 minuter. Dela allt mellan tallrikarna och servera. Ha de så bra!

Näring (per 100 g): 312 kalorier 5g Fett 20g Kolhydrater 4g Protein 694mg Natrium

Biff Majs Chili

Förberedelsetid: 8-10 minuter

Tillagningstid: 30 minuter

Portioner: 8

Svårighetsgrad: medel

Ingredienser:

- 2 små lökar, fint hackade
- ¼ kopp konserverad majs
- 1 matsked olja
- 10 uns magert köttfärs
- 2 små chilipeppar, tärnade

Indikationer:

Slå på Instant Pot. Klicka på "SAUTE". Häll i oljan och rör sedan ner lök, chili och nötkött; koka tills det är genomskinligt och mjukt. Häll 3 koppar vatten i en kastrull; blanda väl.

Förslut locket. Välj "KÖTT / STEWED". Ställ in timern på 20 minuter. Låt det koka tills timern återställs.

Klicka på "AVBRYT" och sedan på "NPR" för att släppa trycket naturligt i cirka 8-10 minuter. Öppna och lägg pyrofilen på serveringsfat. Tjäna.

Näring (per 100 g): 94 kalorier 5 g Fett 2 g Kolhydrater 7 g Protein 477 mg natrium

Balsamicobiffrätt

Förberedelsetid: 5 minuter
Tillagningstid: 55 minuter
Portioner: 8
Svårighetsgrad: medel

Ingredienser:

- 3 pund rostad chuck
- 3 vitlöksklyftor, tunt skivade
- 1 matsked olja
- 1 tsk smaksatt vinäger
- ½ tsk paprika
- ½ tesked rosmarin
- 1 sked smör
- ½ tesked timjan
- ¼ kopp balsamvinäger
- 1 kopp nötbuljong

Indikationer:

Skär skåror för bakning och fyll med vitlöksklyftor. Kombinera kryddad vinäger, rosmarin, peppar, timjan och gnid in blandningen i degen. Välj grytan för sauteringsläge och blanda med olja, låt oljan värmas upp. Vi bakar på båda sidor.

Ta ut den och ställ den åt sidan. Blanda smör, buljong, balsamvinäger och avglasera grytan. Sätt tillbaka steken och stäng locket och tillaga sedan på HIGH i 40 minuter.

Utför en snabb release. Tjäna!

Näring (per 100 g):393 kalorier 15g Fett 25g Kolhydrater 37g Protein 870mg Natrium

Bakat kött med sojasås

Förberedelsetid: 8 minuter

Tillagningstid: 35 minuter

Portioner: 2-3

Svårighetsgrad: medel

Ingredienser:

- ½ tesked nötbuljong
- 1 ½ tsk rosmarin
- ½ tesked finhackad vitlök
- 2 pund rostbiff
- 1/3 kopp sojasås

Indikationer:

Blanda sojasås, fond, rosmarin och vitlök i en skål.

Slå på din Instant Pot. Placera steken och häll tillräckligt med vatten för att täcka steken; rör om försiktigt för att blanda väl. Täta väl.

Klicka på tillagningsfunktionen "KÖTT / GRYTA"; ställ in trycknivån på "HIGH" och ställ in tillagningstiden på 35 minuter. Låt trycket byggas upp för att tillaga ingredienserna. När du är klar, klicka på "AVBRYT"-inställningen och klicka sedan på "NPR"-tillagningsfunktionen för att släppa trycket naturligt.

Öppna gradvis locket och skär köttet. Lägg tillbaka färsen i konservblandningen och blanda väl. Överför till serveringsskålar. Servera varm.

Näring (per 100 g): 423 kalorier 14 g fett 12 g kolhydrater 21 g protein 884 mg natrium

Rostbiff med rosmarin

Förberedelsetid: 5 minuter

Tillagningstid: 45 minuter

Portioner: 5-6

Svårighetsgrad: medel

Ingredienser:

- 3 pund rostbiff
- 3 vitlöksklyftor
- ¼ kopp balsamvinäger
- 1 kvist färsk rosmarin
- 1 kvist färsk timjan
- 1 kopp vatten
- 1 matsked vegetabilisk olja
- Salta och peppra efter smak

Indikationer:

Skär skivor i rostbiff och lägg vitlöksklyftor på dem. Gnid in steken med örter, svartpeppar och salt. Förvärm snabbgrytan med saute-inställningen och häll olja i den. När den är uppvärmd, tillsätt rostbiffen och stek i pannan tills den fått färg på alla sidor. Tillsätt resterande ingredienser; blanda försiktigt.

Förslut tätt och koka på hög i 40 minuter med manuell inställning. Låt trycket släppa naturligt, cirka 10 minuter. Avtäck och arrangera rostbiff på serveringsfat, skiva och servera.

Näring (per 100 g): 542 kalorier 11,2 g fett 8,7 g kolhydrater 55,2 g protein 710 mg natrium

Fläsk revbensspjäll och tomatsås

Förberedelsetid: 10 minuter

Tillagningstid: 20 minuter

Portioner: 4

Svårighetsgrad: lätt

Ingredienser:

- 4 benfria fläskkotletter
- 1 matsked sojasås
- ¼ tesked sesamolja
- 1 1/2 dl tomatpuré
- 1 gul lök
- 8 champinjoner, skurna i skivor

Indikationer:

Blanda fläsk revben med sojasås och sesamolja i en skål, blanda och låt stå i 10 minuter. Ställ in din Instant Pot på sautéläge, tillsätt fläskkotletterna och stek i 5 minuter på varje sida. Rör ner löken och fräs ytterligare 1-2 minuter. Tillsätt tomatpuré och champinjoner, rör om, täck över och koka på hög temperatur i 8-9 minuter. Dela upp allt på tallrikar och servera. Ha de så bra!

Näring (per 100 g): 300 kalorier 7 g fett 18 g kolhydrater 4 g protein 801 mg natrium

Kyckling med kaprissås

Förberedelsetid: 10 minuter

Tillagningstid: 18 minuter

Portioner: 5

Svårighetsgrad: svårt

Ingredienser:

- <u>Till kycklingen:</u>
- 2 ägg
- Salta och mald svartpeppar, efter smak
- 1 kopp torrt ströbröd
- 2 matskedar olivolja
- 1 1/2 pund benfritt skinnfritt kycklingbröst halverat, skuret till 3/4-tums tjocklek och skuret i bitar
- <u>Till kaprissåsen:</u>
- 3 matskedar kapris
- ½ glas torrt vitt vin
- 3 matskedar färsk citronsaft
- Salta och mald svartpeppar, efter smak
- 2 skedar hackad färsk persilja

Indikationer:

Till kycklingen: I en grund ugnsform, tillsätt äggen, salt och svartpeppar och vispa tills det blandas. Lägg ströbröd i en annan grund skål. Doppa kycklingbitarna i äggblandningen och täck dem jämnt i ströbrödet. Skaka av överflödigt ströbröd.

Hetta upp oljan på medelvärme och stek kycklingbitarna i cirka 5 till 7 minuter på varje sida eller tills önskad form. Använd en hålslev och arrangera kycklingbitarna på en tallrik klädd med hushållspapper. Täck kycklingbitarna med en bit aluminiumfolie för att hålla dem varma.

Tillsätt alla såsingredienser utom persiljan i samma panna och koka i ca 2-3 minuter under konstant omrörning. Rör ner persiljan och ta av från värmen. Servera kycklingbitarna med kaprissås.

Näring (per 100 g):352 kalorier 13,5 g fett 1,9 g kolhydrater 1,2 g protein 741 mg natrium

Turkietburgare med mangosalsa

Förberedelsetid: 15 minuter

Tillagningstid: 10 minuter

Portioner: 6

Svårighetsgrad: lätt

Ingredienser:

- 1 1/2 pund malet kalkonbröst
- 1 tsk havssalt, uppdelat
- ¼ tesked nymalen svartpeppar
- 2 matskedar extra virgin olivolja
- 2 mango, skalade, urkärnade och tärnade
- ½ rödlök, finhackad
- Saft av 1 lime
- 1 vitlöksklyfta, hackad
- ½ jalapeñopeppar, kärnad och finhackad
- 2 matskedar hackade färska korianderblad

Indikationer:

Forma kalkonbröstet till 4 köttbullar och krydda med 1/2 tsk havssalt och peppar. Hetta upp olivoljan i en non-stick panna tills den skimrar. Tillsätt kalkonköttbullarna och låt steka i cirka 5 minuter på varje sida tills de fått färg. Medan köttbullarna kokar, kombinera mango, rödlök, limejuice, vitlök, jalapeño, koriander och återstående 1/2 tsk havssalt i en liten skål. Häll såsen över kalkonköttbullarna och servera.

Näring (per 100 g): 384 kalorier 3 g fett 27 g kolhydrater 34 g protein 692 mg natrium

Stekt kalkonbröst med örter

Förberedelsetid: 15 minuter

Tillagningstid: 1 och en halv timme (plus 20 minuter för vila)

Portioner: 6

Svårighetsgrad: medel

Ingredienser:

- 2 matskedar extra virgin olivolja
- 4 vitlöksklyftor, hackade
- Skal från 1 citron
- 1 msk hackade färska timjanblad
- 1 msk hackade färska rosmarinblad
- 2 skedar hackad färsk italiensk persilja
- 1 tsk mald senap
- 1 tsk havssalt
- ¼ tesked nymalen svartpeppar
- 1 (6 lb) kalkonbröst med ben och skinn
- 1 kopp torrt vitt vin

Indikationer:

Värm ugnen till 325° F. Kombinera olivolja, vitlök, citronskal, timjan, rosmarin, persilja, senap, havssalt och peppar. Gnid in örtblandningen jämnt över kalkonbröstets yta, lossa skinnet och skrubba även botten. Lägg kalkonbröstet i långpannan på gallret med skinnsidan uppåt.

Häll vinet i pannan. Rosta i 1 till 1 1/2 timme tills kalkonen når en innertemperatur på 165 grader F. Innan du skär, ta bort från ugnen och ställ åt sidan i 20 minuter, insvept i aluminiumfolie för att hålla sig varm.

Näring (per 100 g): 392 kalorier 1g Fett 2g Kolhydrater 84g Protein 741mg Natrium

Kyckling och pepperonikorv

Förberedelsetid: 10 minuter

Tillagningstid: 20 minuter

Portioner: 6

Svårighetsgrad: medel

Ingredienser:

- 2 matskedar extra virgin olivolja
- 6 italienska kycklingkorvar
- 1 lök
- 1 röd paprika
- 1 grön paprika
- 3 vitlöksklyftor, hackade
- ½ glas torrt vitt vin
- ½ tesked havssalt
- ¼ tesked nymalen svartpeppar
- Tryck på rödpepparflingorna

Indikationer:

Hetta upp olivolja i en stor stekpanna tills den skimrar. Tillsätt korvarna och koka i 5 till 7 minuter, vänd då och då, tills de fått färg och når en innertemperatur på 50 °C. Använd en tång för att ta bort korven från pannan och lägg den på en serveringsfat täckt med aluminium folie för att hålla värmen.

Sätt tillbaka kastrullen på värmen och tillsätt lök, röd paprika och grönpeppar. Koka, rör om då och då, tills grönsakerna börjar få färg. Tillsätt vitlöken och koka under omrörning i 30 sekunder. Rör ner vin, havssalt, peppar och rödpepparflingor. Ta bort och skrapa de brynta bitarna från botten av pannan. Koka i cirka 4 minuter till under konstant omrörning tills vätskan reducerats till hälften. Fördela paprikan på korvarna och servera.

Näring (per 100 g): 173 kalorier 1 g fett 6 g kolhydrater 22 g protein 582 mg natrium

Kyckling Piccata

Förberedelsetid: 10 minuter
Tillagningstid: 15 minuter
Portioner: 6
Svårighetsgrad: medel

Ingredienser:

- ½ kopp fullkornsmjöl
- ½ tesked havssalt
- 1/8 tsk nymalen svartpeppar
- 1 1/2 pund kycklingbröst, skuren i 6 bitar
- 3 matskedar extra virgin olivolja
- 1 dl osaltad kycklingbuljong
- ½ glas torrt vitt vin
- Saften av 1 citron
- Skal från 1 citron
- ¼ kopp kapris, avrunnen och sköljd
- ¼ kopp hackad färsk persilja

Indikationer:

Blanda mjöl, havssalt och peppar i en djup skål. Mjöla kycklingen och skär bort överskottet. Koka olivoljan tills den skimrar.

Lägg kycklingen och stek i ca 4 minuter på varje sida tills den fått färg. Ta ut kycklingen från pannan och ställ åt sidan, täckt med aluminiumfolie, för att hålla den varm.

Sätt tillbaka kastrullen på värmen och tillsätt fond, vin, citronsaft, citronskal och kapris. Använd sidan av en sked för att ösa upp de brynta bitarna från botten av pannan. Sjud tills vätskan tjocknar. Ta kastrullen från värmen och lägg tillbaka kycklingen i pannan. Vänd dig till pälsen. Tillsätt persilja och servera.

Näring (per 100 g): 153 kalorier 2g fett 9g kolhydrater 8g protein 692mg natrium

Toskansk kyckling i panna

Förberedelsetid: 10 minuter

Tillagningstid: 25 minuter

Portioner: 6

Svårighetsgrad: svårt

Ingredienser:

- ¼ kopp extra virgin olivolja, delad
- 1 pund benfria, skinnfria kycklingbröst, skurna i tumbitar
- 1 lök, hackad
- 1 röd paprika, hackad
- 3 vitlöksklyftor, hackade
- ½ glas torrt vitt vin
- 1 (14 oz) burk krossade tomater, inte avrunna
- 1 (14 oz) burk tärnade tomater, avrunna
- 1 (14 oz) burk vita bönor, avrunna
- 1 matsked torkad italiensk krydda
- ½ tesked havssalt
- 1/8 tsk nymalen svartpeppar
- 1/8 tesked röd paprikaflingor
- ¼ kopp hackade färska basilikablad

Indikationer:

Koka 2 matskedar olivolja tills det skimrar. Rör ner kycklingen och koka tills den fått färg. Ta ut kycklingen från pannan och lägg den på en serveringsfat klädd med aluminiumfolie för att hålla den varm.

Sätt tillbaka kastrullen på värmen och värm upp resterande olivolja. Tillsätt lök och röd paprika. Koka och rör om sällan tills grönsakerna är mjuka. Tillsätt vitlöken och koka i 30 sekunder under konstant omrörning.

Rör ner vinet och skrapa upp de brynta bitarna från botten av pannan med sidan av en sked. Koka i 1 minut, rör hela tiden.

Rör ner krossade och hackade tomater, vita bönor, italiensk krydda, havssalt, peppar och rödpepparflingor. Låt det puttra. Koka i 5 minuter, rör om då och då.

Lägg tillbaka kycklingen och den uppsamlade såsen i pannan. Koka tills kycklingen är genomstekt. Innan servering, ta bort från värmen och rör ner basilikan.

Näring (per 100 g): 271 kalorier 8g Fett 29g Kolhydrater 14g Protein 596mg Natrium

Kyckling Kapama

Förberedelsetid: 10 minuter

Tillagningstid: 2 timmar

Portioner: 4

Svårighetsgrad: medel

Ingredienser:

- 1 (32 oz) burk tärnade tomater, avrunna
- ¼ kopp torrt vitt vin
- 2 matskedar tomatpuré
- 3 matskedar extra virgin olivolja
- ¼ tesked röd paprikaflingor
- 1 tsk mald kryddpeppar
- ½ tesked torkad oregano
- 2 hela kryddnejlika
- 1 kanelstång
- ½ tesked havssalt
- 1/8 tsk nymalen svartpeppar
- 4 benfria skinnfria kycklingbrösthalvor

Indikationer:

Kombinera tomater, vin, tomatpuré, olivolja, rödpepparflingor, kryddpeppar, oregano, kryddnejlika, kanel, havssalt och peppar i en stor kastrull. Koka upp, rör om då och då. Låt puttra i 30 minuter, rör om då och då. Ta bort och kassera hela kryddnejlika och kanel från såsen och låt såsen svalna.

Värm ugnen till 350 ° F. Placera kycklingen i en 9 x 13-tums ugnsform. Häll såsen över kycklingen och täck pannan med aluminiumfolie. Fortsätt koka tills innertemperaturen når 165°F.

Näring (per 100 g):220 kalorier 3g Fett 11g Kolhydrater 8g Protein 923mg Natrium

Kycklingbröst fylld med spenat och fetaost

Förberedelsetid: 10 minuter

Tillagningstid: 45 minuter

Portioner: 4

Svårighetsgrad: medel

Ingredienser:

- 2 matskedar extra virgin olivolja
- 1 pund färsk babyspenat
- 3 vitlöksklyftor, hackade
- Skal från 1 citron
- ½ tesked havssalt
- 1/8 tsk nymalen svartpeppar
- ½ kopp smulad fetaost
- 4 benfria kycklingbröst utan skinn

Indikationer:

Värm ugnen till 350 ° F. Koka olivolja på medelvärme tills den skimrar. Tillsätt spenaten. Fortsätt koka och rör om tills det är mjukt.

Rör ner vitlök, citronskal, havssalt och peppar. Koka i 30 sekunder, rör hela tiden. Låt svalna något och rör ner osten.

Bred ut spenat- och ostblandningen i ett jämnt lager över kycklingbitarna och rulla bröstet runt fyllningen. Håll stängd med tandpetare eller slaktgarn. Lägg brösten i en 9 x 13-tums ugnsform och grädda i 30 till 40 minuter, eller tills kycklingens innertemperatur är 165 ° F. Ta ut ur ugnen och ställ åt sidan i 5 minuter innan du skivar och serverar dem.

Näring (per 100 g): 263 kalorier 3 g fett 7 g kolhydrater 17 g protein 639 mg natrium

Ugnsbakade kycklinglår med rosmarin

Förberedelsetid: 5 minuter

Tillagningstid: 1 timme

Portioner: 6

Svårighetsgrad: lätt

Ingredienser:

- 2 matskedar hackade färska rosmarinblad
- 1 tsk vitlökspulver
- ½ tesked havssalt
- 1/8 tsk nymalen svartpeppar
- Skal från 1 citron
- 12 kycklinglår

Indikationer:

Värm ugnen till 350 ° F. Rör ner rosmarin, vitlökspulver, havssalt, peppar och citronskal.

Placera trumpinnar i en 9 x 13-tums ugnsform och strö över rosmarinblandningen. Koka tills kycklingen når en innertemperatur på 50°C.

Näring (per 100 g): 163 kalorier 1 g fett 2 g kolhydrater 26 g protein 633 mg natrium

Kyckling med lök, potatis, fikon och morötter

Förberedelsetid: 5 minuter
Tillagningstid: 45 minuter
Portioner: 4
Svårighetsgrad: medel

Ingredienser:

- 2 koppar potatismos, halverad
- 4 färska fikon, i fjärdedelar
- 2 morötter, skurna i julienne strimlor
- 2 matskedar extra virgin olivolja
- 1 tsk havssalt, uppdelat
- ¼ tesked nymalen svartpeppar
- 4 fjärdedelar av kycklinglår
- 2 skedar hackad färsk persilja

Indikationer:

Värm ugnen till 425 ° F. I en liten skål, släng potatis, fikon och morötter med olivolja, ½ tesked havssalt och peppar. Dela i en 9 x 13-tums bakform.

Krydda kycklingen med resten av havssaltet. Lägg den ovanpå grönsakerna. Koka tills grönsakerna är mjuka och kycklingen når en innertemperatur på 50° C. Strö över persilja och servera.

Näring (per 100 g): 429 kalorier 4 g fett 27 g kolhydrater 52 g protein 581 mg natrium

Kyckling och Tzatziki

Förberedelsetid: 15 minuter

Tillagningstid: 1 timme och 20 minuter

Portioner: 6

Svårighetsgrad: medel

Ingredienser:

- 1 pund malet kycklingbröst
- 1 riven lök med överflödigt vatten pressat ur
- 2 matskedar torkad rosmarin
- 1 matsked torkad mejram
- 6 vitlöksklyftor, hackade
- ½ tesked havssalt
- ¼ tesked nymalen svartpeppar
- Grekisk tzatzikisås

Indikationer:

Värm ugnen till 350 ° F. Kombinera kyckling, lök, rosmarin, mejram, vitlök, havssalt och peppar i en matberedare. Blanda tills en pasta bildas. Alternativt, blanda dessa ingredienser i en skål tills de är väl kombinerade (se förberedelsetips).

Tryck ut blandningen på pannan. Grädda tills den når en innertemperatur på 165 grader. Ta ut ur ugnen och låt vila i 20 minuter innan du skär upp.

Skiva gyrot och häll tzatzikisåsen över.

Näring (per 100 g): 289 kalorier 1 g fett 20 g kolhydrater 50 g protein 622 mg natrium

moussaka

Förberedelsetid: 10 minuter

Tillagningstid: 45 minuter

Portioner: 8

Svårighetsgrad: svårt

Ingredienser:

- 5 matskedar extra virgin olivolja, uppdelad
- 1 aubergine skuren i skivor (med skal)
- 1 lök, hackad
- 1 grön paprika, kärnad och hackad
- 1 pund malen kalkon
- 3 vitlöksklyftor, hackade
- 2 matskedar tomatpuré
- 1 (14 oz) burk tärnade tomater, avrunna
- 1 matsked italiensk krydda
- 2 tsk Worcestershiresås
- 1 tsk torkad oregano
- ½ tesked mald kanel
- 1 kopp osötad fettfri grekisk yoghurt
- 1 ägg, uppvispat
- ¼ tesked nymalen svartpeppar
- ¼ tesked mald muskotnöt
- ¼ kopp riven parmesanost
- 2 skedar hackad färsk persilja

Indikationer:

Värm ugnen till 400 ° F. Koka 3 matskedar olivolja tills skimrande. Tillsätt de skivade auberginerna och stek i 3-4 minuter på varje sida. Överför till hushållspapper för att rinna av.

Sätt tillbaka pannan på värmen och häll i de återstående 2 msk olivolja. Tillsätt lök och grönpeppar. Fortsätt koka tills grönsakerna är mjuka. Ta bort från pannan och ställ åt sidan.

Ta kastrullen från värmen och tillsätt kalkonen. Koka i ca 5 minuter, smula sönder med en sked, tills de är gyllene. Rör ner vitlöken och koka i 30 sekunder under konstant omrörning.

Rör ner tomatpuré, tomater, italiensk krydda, Worcestershiresås, oregano och kanel. Lägg tillbaka löken och paprikan i pannan. Koka i 5 minuter, rör hela tiden. Blanda yoghurt, ägg, paprika, muskotnöt och ost.

Fördela hälften av köttblandningen i en 9 x 13-tums bakform. Ordna med hälften av auberginema. Tillsätt resterande köttblandning och resterande aubergine. Bred ut med yoghurtblandning. Koka tills den fått färg. Garnera med persilja och servera.

Näring (per 100 g): 338 kalorier 5 g fett 16 g kolhydrater 28 g protein 569 mg natrium

Dijon fläskrulle med örter

Förberedelsetid: 10 minuter

Tillagningstid: 30 minuter

Portioner: 6

Svårighetsgrad: medel

Ingredienser:

- ½ kopp färsk italiensk persilja, hackad
- 3 matskedar färska rosmarinblad, hackade
- 3 matskedar färska timjanblad, hackade
- 3 matskedar dijonsenap
- 1 msk extra virgin olivolja
- 4 vitlöksklyftor, hackade
- ½ tesked havssalt
- ¼ tesked nymalen svartpeppar
- 1 fläskkarré (1 ½ pund)

Indikationer:

Värm ugnen till 400° F. Blanda persilja, rosmarin, timjan, senap, olivolja, vitlök, havssalt och peppar. Mixa i cirka 30 sekunder tills det är slätt. Fördela blandningen jämnt över fläsket och lägg på en bakplåtspappersklädd plåt.

Koka tills köttet når en innertemperatur på 140°F. Ta ut ur ugnen och ställ åt sidan i 10 minuter innan du skivar och serverar.

Näring (per 100 g): 393 kalorier 3g fett 5g kolhydrater 74g protein 697mg natrium

Biff med svampsås och rött vin

Förberedelsetid: minuter plus 8 timmar för marinering
Tillagningstid: 20 minuter
Portioner: 4
Svårighetsgrad: svårt

Ingredienser:

- <u>Till marinad och biff</u>
- 1 kopp torrt rött vin
- 3 vitlöksklyftor, hackade
- 2 matskedar extra virgin olivolja
- 1 matsked sojasås med låg natriumhalt
- 1 matsked torkad timjan
- 1 tsk dijonsenap
- 2 matskedar extra virgin olivolja
- 1 till 1 1/2 pund kjolstek, plattjärnsbiff eller underläggsbiff
- <u>Till svampsåsen</u>
- 2 matskedar extra virgin olivolja
- 1 lb. cremini svampar, skurna i fjärdedelar
- ½ tesked havssalt
- 1 tsk torkad timjan
- 1/8 tsk nymalen svartpeppar
- 2 vitlöksklyftor, hackade
- 1 kopp torrt rött vin

Indikationer:

För att tillaga marinad och biff

Vispa vin, vitlök, olivolja, sojasås, timjan och senap i en liten skål. Häll upp i en återförslutningsbar påse och tillsätt biffen. Marinera steken i kylen i 4 till 8 timmar. Ta bort steken från marinaden och torka den med hushållspapper.

Hetta upp olivolja i en stor stekpanna tills den skimrar.

Lägg på steken och stek i cirka 4 minuter per sida, tills den fått en bra färg på varje sida och steken når en innertemperatur på 140°F. Ta ut steken från pannan och lägg den på en tallrik täckt med aluminiumfolie för att hålla den sval. Medan du förbereder biffsvampsåsen.

När svampsåsen är klar skär du steken mot säden i ½ tum tjocka skivor.

För beredning av svampsås

Värm oljan på medelhög värme i samma panna. Tillsätt svamp, havssalt, timjan och peppar. Koka i cirka 6 minuter, rör om mycket sällan, tills svampen fått färg.

Fräs vitlöken. Rör ner vinet och använd en träslev för att skrapa upp eventuella brynta bitar från botten av pannan. Koka tills vätskan reducerats till hälften. Vi serverar svampen på skedar ovanpå biffen.

Näring (per 100 g): 405 kalorier 5 g Fett 7 g Kolhydrater 33 g Protein 842 mg Natrium

Grekiska köttbullar

Förberedelsetid: 20 minuter

Tillagningstid: 25 minuter

Portioner: 4

Svårighetsgrad: medel

Ingredienser:

- 2 skivor fullkornsbröd
- 1 ¼ pund mald kalkon
- 1 ägg
- ¼ kopp kryddat fullkornsbrödsmulor
- 3 vitlöksklyftor, hackade
- ¼ rödlök, riven
- ¼ kopp hackad färsk italiensk persilja
- 2 skedar hackade färska myntablad
- 2 matskedar hackade färska oreganoblad
- ½ tesked havssalt
- ¼ tesked nymalen svartpeppar

Indikationer:

Värm ugnen till 350° F. Klä en bakplåt med bakplåtspapper eller folie. Kör brödet under vatten för att blötläggas och krama ur överskottet. Skär det blötlagda brödet i små bitar och lägg i en medelstor skål.

Tillsätt kalkon, ägg, ströbröd, vitlök, rödlök, persilja, mynta, oregano, havssalt och peppar. Blanda väl. Forma ¼ kopp av blandningen till bollar. Lägg biffarna på den förberedda bakplåten och grädda i cirka 25 minuter, eller tills innertemperaturen når 165°F.

Näring (per 100 g): 350 kalorier 6g Fett 10g Kolhydrater 42g Protein 842mg Natrium

Lamm med gröna bönor

Förberedelsetid: 10 minuter

Tillagningstid: 1 timme

Portioner: 6

Svårighetsgrad: svårt

Ingredienser:

- ¼ kopp extra virgin olivolja, delad
- 6 lammkotletter, putsade av extra fett
- 1 tsk havssalt, uppdelat
- ½ tesked nymalen svartpeppar
- 2 matskedar tomatpuré
- 1 och en halv kopp varmt vatten
- 1 pund gröna bönor, putsade och halverade på tvären
- 1 lök, hackad
- 2 tomater, hackade

Indikationer:

Värm 2 matskedar olivolja i en stor stekpanna tills det skimrar. Krydda lammkotletterna med 1/2 tsk havssalt och 1/8 tsk peppar. Stek lammet i het olja ca 4 minuter på varje sida, tills det blir brunt på båda sidor. Lägg nötköttet på ett serveringsfat och ställ åt sidan.

Sätt tillbaka pannan till värmen och tillsätt de återstående 2 msk olivolja. Värm tills den lyser.

Lös upp tomatpurén i hett vatten i en skål. Tillsätt den i den varma pannan tillsammans med haricots verts, löken, tomaterna och den återstående ½ tsk havssalt och ¼ peppar. Koka upp och använd sidan av en sked för att skrapa upp eventuella brynta bitar från botten av pannan.

Lägg tillbaka lammkotletterna i pannan. Låt det koka och justera temperaturen till medellåg. Sjud i 45 minuter tills bönorna är mjuka, tillsätt mer vatten efter behov för att justera tjockleken på såsen.

Näring (per 100 g): 439 kalorier 4g Fett 10g Kolhydrater 50g Protein 745mg Natrium

Kyckling i tomatsås och balsamicosås

Förberedelsetid: 10 minuter

Tillagningstid: 20 minuter

Portioner: 4

Svårighetsgrad: medel

Ingredienser

- 2 (8 oz eller 226,7 g vardera) benfria, skinnfria kycklingbröst
- ½ tesked salt
- ½ tsk Malen svartpeppar
- 3 matskedar. extra virgin olivolja
- ½ c. körsbärstomater halverade
- 2 matskedar. hackad schalottenlök
- ¼ c. balsamvinäger
- 1 matsked. finhackad vitlök
- 1 matsked. rostade fänkålsfrön, krossade
- 1 matsked. Smör

Indikationer:

Skär kycklingbrösten i 4 bitar och slå dem med en klubba tills de är ¼ tum tjocka. Använd ¼ tesked peppar och salt för att täcka kycklingen. Hetta upp två matskedar olja i en panna och håll värmen på medel. Stek kycklingbröstet i tre minuter på båda sidor. Lägg på ett serveringsfat och täck med folie för att hålla sig varm.

Tillsätt en sked olja, schalottenlök och tomater i pannan och koka tills de är mjuka. Tillsätt vinägern och koka tills blandningen reducerats till hälften. Tillsätt fänkålsfrö, vitlök, salt och peppar och koka i cirka fyra minuter. Ta av från värmen och blanda med smör. Häll denna sås över kycklingen och servera.

Näring (per 100 g): 294 kalorier 17g Fett 10g Kolhydrater 2g Protein 639mg Natrium

Brunt rissallad med fetaost, färska ärtor och mynta

Förberedelsetid: 10 minuter

Tillagningstid: 25 minuter

Portioner: 4

Svårighetsgrad: lätt

Ingredienser:

- 2 c. brunt ris
- 3 c. vattenfall
- salt
- 5 oz. eller 141,7 g smulad fetaost
- 2 c. kokta ärtor
- ½ c. hackad mynta, färsk
- 2 matskedar. olivolja
- Salt och peppar

Indikationer:

Lägg brunt ris, vatten och salt i en kastrull på medelvärme, täck över och låt koka upp. Sänk värmen och låt sjuda tills vattnet har löst sig och riset inte är mjukt utan segt. Låt svalna helt

Tillsätt fetaost, ärtor, mynta, olivolja, salt och peppar i en salladsskål med det kylda riset och blanda ihop. Servera och njut!

Näring (per 100 g): 613 kalorier 18,2 g fett 45 g kolhydrater 12 g protein 755 mg natrium

Integral pitabröd fyllt med oliver och kikärter

Förberedelsetid: 10 minuter
Tillagningstid: 20 minuter
Portioner: 2
Svårighetsgrad: medel

Ingredienser:

- 2 påsar fullkorns pitabröd
- 2 matskedar. olivolja
- 2 vitlöksklyftor, hackade
- 1 lök, hackad
- ½ tesked spiskummin
- 10 svarta oliver, hackade
- 2 c. kokta kikärtor
- Salt och peppar

Indikationer:

Skär pitabockorna och lägg åt sidan. Sätt värmen på medel och ställ kastrullen på plats. Tillsätt olivolja och värm upp. Blanda vitlök, lök och spiskummin i en het panna och rör om tills löken mjuknar och spiskumminen doftar, Tillsätt oliver, kikärter, salt och peppar och rör tills kikärtorna är gyllenbruna.

Ta kastrullen från värmen och använd en träslev för att grovmosa kikärtorna, lämna några intakta och några krossade. Värm pitabrödpåsarna i mikron, ugnen eller i en ren panna på spisen

Fyll dem med kikärtsblandning och njut!

Näring (per 100 g): 503 kalorier 19 g fett 14 g kolhydrater 15,7 g protein 798 mg natrium

Rostade morötter med valnötter och cannellinibönor

Förberedelsetid: 10 minuter
Tillagningstid: 45 minuter
Portioner: 4
Svårighetsgrad: medel

Ingredienser:

- 4 morötter, skalade, hackade
- 1 c. Nötter
- 1 matsked. honung
- 2 matskedar. olivolja
- 2 c. konserverade cannellinibönor, avrunna
- 1 kvist färsk timjan
- Salt och peppar

Indikationer:

Sätt ugnen på 400 F/204 C och klä en bakplåt eller form med bakplåtspapper. Lägg morötter och valnötter på en klädd plåt eller form. Ringla olivoljan och honungen över morötterna och valnötterna och rör om för att täcka varje bit. Bred ut bönorna på en plåt och lägg dem i morötterna och valnötterna

Tillsätt timjan och strö över allt med salt och peppar.Sätt in sanden i ugnen och grädda i ca 40 minuter.

Servera och njut

Näring (per 100 g): 385 kalorier 27g Fett 6g Kolhydrater 18g Protein 859mg Natrium

Kryddad smörkyckling

Förberedelsetid: 10 minuter
Tillagningstid: 25 minuter
Portioner: 4
Svårighetsgrad: medel

Ingredienser:

- ½ c. Tjock vispgrädde
- 1 matsked. salt
- ½ c. Benbuljong
- 1 matsked. Peppar
- 4 matskedar. Smör
- 4 kycklingbrösthalvor

Indikationer:

Sätt pannan i ugnen på medelvärme och tillsätt en matsked smör. När smöret är varmt och smält, lägg i kycklingen och stek i fem minuter på varje sida. I slutet av denna tid ska kycklingen vara kokt och gyllene; om det är det, lägg det på tallriken.

Sedan tillsätter du benbuljongen i den varma pannan. Tillsätt vispgrädde, salt och peppar. Låt sedan pannan vara ifred tills såsen börjar koka. Låt denna process fortsätta i fem minuter för att tjockna såsen.

Till sist tillsätter du resten av smöret och kycklingen i pannan. Se till att du öser såsen över kycklingen och kväver den helt. Tjäna

Näring (per 100 g): 350 kalorier 25g Fett 10g Kolhydrater 25g Protein 869mg Natrium

Dubbel kyckling med bacon och ost

Förberedelsetid: 10 minuter

Tillagningstid: 30 minuter

Portioner: 4

Svårighetsgrad: lätt

Ingredienser:

- 4 oz. eller 113 g. Ostkräm
- 1 c. Cheddar
- 8 remsor bacon
- Havssalt
- Peppar
- 2 vitlöksklyftor finhackad
- Kycklingbröst
- 1 matsked. Baconfett eller smör

Indikationer:

Värm ugnen till 400 F / 204 C Skär kycklingbrösten på mitten så att de är tunna

Krydda med salt, peppar och vitlök. Smörj en plåt med smör och lägg kycklingbrösten i den. Lägg färskost och cheddarost ovanpå bröstet

Lägg även i baconskivorna Sätt in formen i ugnen i 30 minuter Servera varm

Näring (per 100 g): 610 kalorier 32 g Fett 3 g Kolhydrater 38 g Protein 759 mg Natrium

Räkor med citron och peppar

Förberedelsetid: 10 minuter

Tillagningstid: 10 minuter

Portioner: 4

Svårighetsgrad: lätt

Ingredienser:

- 40 skalade räkor, skalade
- 6 hackade vitlöksklyftor
- Salt och svartpeppar
- 3 matskedar. olivolja
- ¼ tsk. Sötpeppar
- En nypa krossade rödpepparflingor
- ¼ tsk. rivet citronskal
- 3 matskedar. Sherry eller annat vin
- 1 och en halv sked. hackad gräslök
- Saften av 1 citron

Indikationer:

Sätt värmen på medelhög och ställ pannan.

Tillsätt oljan och räkorna, strö över peppar och salt och koka i 1 minut, tillsätt paprika, vitlök och chips, rör om och koka i 1 minut. Rör försiktigt ner sherryn och koka ytterligare en minut

Ta av räkorna från värmen, tillsätt gräslök och citronskal, blanda och överför till tallrikar. Tillsätt citronsaft till allt och servera

Näring (per 100 g): 140 kalorier 1g Fett 5g Kolhydrater 18g Protein 694mg Natrium

Bakad och kryddad hälleflundra

Förberedelsetid: 5 minuter

Tillagningstid: 25 minuter

Portioner: 4

Svårighetsgrad: lätt

Ingredienser:

- ¼ c. hackad färsk gräslök
- ¼ c. hackad färsk dill
- ¼ tsk. Malen svartpeppar
- ¾ c. panko brödsmulor
- 1 matsked. extra virgin olivolja
- 1 tesked. fint rivet citronskal
- 1 tesked. havssalt
- 1/3 c. hackad färsk persilja
- 4 hälleflundrafiléer (6 oz eller 170 g vardera).

Indikationer:

I en medelstor skål, kombinera olivolja och övriga ingredienser förutom hälleflundrafiléer och ströbröd

Tillsätt hälleflundrafiléerna i blandningen och låt marinera i 30 minuter. Värm ugnen till 204°C Lägg folien på en plåt, smörj med matlagningsspray Doppa filéerna i ströbröd och lägg på plåten Grädda i 20 minuter Servera varm.

Näring (per 100 g): 667 kalorier 24,5 g fett 2 g kolhydrater 54,8 g protein 756 mg natrium

Currylax med senap

Förberedelsetid: 10 minuter

Tillagningstid: 20 minuter

Portioner: 4

Svårighetsgrad: lätt

Ingredienser:

- ¼ tsk. mald röd paprika eller chilipulver
- ¼ tsk. gurkmeja, mald
- ¼ tsk. salt
- 1 tesked. honung
- ¼ tsk. vitlökspulver
- 2 teskedar. fullkornssenap
- 4 (6 oz. eller 170 g vardera) laxfiléer

Indikationer:

Blanda senap och övriga ingredienser utom laxen i en skål. Värm ugnen till 350 F / 176 C. Smörj en ugnsform med matlagningsspray. Lägg laxen med skinnsidan nedåt på en plåt och fördela senapsblandningen jämnt över filén. Sätt in i ugnen och grädda i 10-15 minuter eller tills de är gyllenbruna

Näring (per 100 g): 324 kalorier 18,9 g fett 1,3 g kolhydrater 34 g protein 593 mg natrium

Lax i valnötter och rosmarin

Förberedelsetid: 10 minuter

Tillagningstid: 25 minuter

Portioner: 4

Svårighetsgrad: medel

Ingredienser:

- 1 lb eller 450 g. fryst laxfilé utan skinn
- 2 teskedar. Dijon senap
- 1 vitlöksklyfta, hackad
- ¼ tsk. Citronskal
- ½ tesked honung
- ½ tsk kosher salt
- 1 tesked. färsk hackad rosmarin
- 3 matskedar. panko brödsmulor
- ¼ tsk. hackad röd paprika
- 3 matskedar. Hackade valnötter
- 2 teskedar. extra virgin olivolja

Indikationer:

Värm ugnen till 420°F/215°C och använd bakplåtspapper för att fodra kanten på en bakplåt. Blanda senap, citronskal, vitlök, citronsaft, honung, rosmarin, krossad rödpeppar och salt i en skål. Blanda i en annan skål valnötter, panko och 1 tsk olja Lägg bakplåtspappret på bakplåten och lägg laxen ovanpå.

Klä fisken med senapsblandningen och toppa med pankoblandningen. Ringla resten av olivoljan lätt över laxen. Grädda i ca 10-12 minuter eller tills laxen lossnar med en gaffel. Servera varm

Näring (per 100 g): 222 kalorier 12g Fett 4g Kolhydrater 0,8g Protein 812mg Natrium

Snabb spagetti med tomater

Förberedelsetid: 10 minuter

Tillagningstid: 25 minuter

Portioner: 4

Svårighetsgrad: medel

Ingredienser:

- 8 oz. eller 8 oz spagetti
- 3 matskedar. olivolja
- 4 vitlöksklyftor, skurna i skivor
- 1 jalapeno, skivad
- 2 c. körsbärstomater
- Salt och peppar
- 1 tesked. balsamvinäger
- ½ c. Riven parmesanost

Indikationer:

Koka upp en stor kastrull med vatten på medelvärme. Tillsätt en nypa salt och låt koka upp, tillsätt sedan spaghettin. Låt koka i 8 minuter. Medan pastan kokar, hetta upp oljan i en panna och tillsätt vitlök och jalapeño. Koka i 1 minut till och rör sedan ner tomater, peppar och salt.

Koka i 5-7 minuter tills tomatskalet spricker.

Tillsätt vinäger och ta bort från värmen. Häll av spaghettin väl och blanda med tomatsåsen. Strö över ost och servera genast.

Näring (per 100 g):298 kalorier 13,5 g fett 10,5 g kolhydrater 8 g protein 749 mg natrium

Bakad chili oregano ost

Förberedelsetid: 10 minuter

Tillagningstid: 25 minuter

Portioner: 4

Svårighetsgrad: lätt

Ingredienser:

- 8 oz. eller 8 uns fetaost
- 4 oz. eller 113 g strimlad mozzarella
- 1 hackad chili
- 1 tesked. torkad oregano
- 2 matskedar. olivolja

Indikationer:

Lägg fetaosten i en liten djup ugnsform. Lägg mozzarellan ovanpå, krydda med pepparflingor och oregano. täck pannan med ett lock. Grädda i en förvärmd ugn vid 350 F / 176 C i 20 minuter. Servera osten och njut.

Näring (per 100 g): 292 kalorier 24,2 g fett 5,7 g kolhydrater 2 g protein 733 mg natrium

311. Mör italiensk kyckling

Förberedelsetid: 10 minuter

Tillagningstid: 30 minuter

Portioner: 4

Svårighetsgrad: lätt

Ingredienser:

- 4 kycklinglår
- 1 tesked. torkad basilika
- 1 tesked. torkad oregano
- Salt och peppar
- 3 matskedar. olivolja
- 1 matsked. balsamvinäger

Indikationer:

Krydda kycklingen väl med basilika och oregano. Använd en kastrull, tillsätt olja och värm upp. Tillsätt kycklingen i den varma oljan. Stek varje sida i 5 minuter tills de är gyllene, täck sedan pannan med ett lock.

Sänk värmen till medel och stek i 10 minuter på ena sidan, vänd sedan på kycklingen och låt koka i ytterligare 10 minuter tills den är knaprig. Servera kycklingen och njut.

Näring (per 100 g): 262 kalorier 13,9 g fett 11 g kolhydrater 32,6 g protein 693 mg natrium

Grekisk kyckling i en långsam spis

Förberedelsetid: 20 minuter

Tillagningstid: 3 timmar

Portioner: 4

Svårighetsgrad: medel

Ingredienser:

- 1 msk extra virgin olivolja
- 2 pund benfria kycklingbröst
- ½ tsk kosher salt
- ¼ tesked svartpeppar
- 1 (12 oz) konserverad rostad röd paprika
- 1 kopp Kalamata oliver
- 1 medelstor rödlök, tärnad
- 3 skedar rödvinsvinäger
- 1 sked finhackad vitlök
- 1 tesked honung
- 1 tsk torkad oregano
- 1 tsk torkad timjan
- ½ kopp fetaost (valfritt, för servering)
- Hackade färska örter: Valfri blandning av basilika, persilja eller timjan (valfritt, för servering)

Indikationer:

Belägg långsamkokaren med nonstick-spray eller olivolja. Hetta upp olivoljan i en stor panna. Krydda kycklingbröstet på båda sidor. När oljan är varm, lägg i kycklingbrösten och stek dem på båda sidor (ca 3 minuter).

Efter tillagning, överför den till långsam spis. Tillsätt röd paprika, oliver och rödlök till kycklingbröstet. Försök att lägga grönsakerna runt kycklingen istället för direkt ovanpå den.

Blanda vinäger, vitlök, honung, oregano och timjan i en liten skål. När det är blandat, häll över kycklingen. Sjud kycklingen i 3 timmar eller tills den är rosa i mitten. Servera med smulad fetaost och färska örter.

Näring (per 100 g): 399 kalorier 17g Fett 12g Kolhydrater 50g Protein 793mg Natrium

Grillad kyckling

Förberedelsetid: 10 minuter

Tillagningstid: 4 timmar

Portioner: 4

Svårighetsgrad: medel

Ingredienser:

- 2 pund benfritt kycklingbröst eller kyckling
- Saften av en citron
- 3 vitlöksklyftor
- 2 teskedar rödvinsvinäger
- 2-3 matskedar olivolja
- ½ kopp grekisk yoghurt
- 2 teskedar torkad oregano
- 2-4 tsk grekisk peppar
- ½ liten rödlök, hackad
- 2 matskedar dillört
- Grekisk tzatzikisås
- 1 kopp naturlig grekisk yoghurt
- 1 matsked dillört
- 1 liten engelsk gurka, skivad
- En nypa salt och peppar
- 1 tesked lökpulver
- <u>Till påläggen:</u>

- Tomater
- Hackad gurka
- Hackad rödlök
- Tärnad fetaost
- Smulat pitabröd

Indikationer:

Skär kycklingbröstet i tärningar och lägg det i långsamkokaren. Tillsätt citronsaft, vitlök, vinäger, olivolja, grekisk yoghurt, oregano, kryddpeppar, rödlök och dill i långsamkokaren och rör om så att det kombineras väl.

Koka på låg i 5-6 timmar eller på hög i 2-3 timmar. Tillsätt under tiden alla ingredienser till tzatzikisåsen och blanda. När kycklingen är väl blandad, kyl tills den är genomstekt.

När kycklingen är tillagad, servera med pitabröd och någon eller alla toppings som anges ovan.

Näring (per 100 g): 317 kalorier 7,4 g fett 36,1 g kolhydrater 28,6 g protein 476 mg natrium

www.ingramcontent.com/pod-product-compliance
Lightning Source LLC
Chambersburg PA
CBHW071858110526
44591CB00011B/1458